TDAH, le pouvoir caché en vous

Un guide pour révéler et développer votre véritable potentiel. Des outils et des stratégies efficaces pour mieux vivre le TDAH à l'âge adulte.

Laura Caruso et Marco Valle

Copyright © 2025 – EducaMente
Tous droits réservés.

Ce livre contient des éléments protégés par le droit d'auteur et ne peut être copié, reproduit, transféré, distribué, loué, concédé sous licence ou diffusé en public, ni utilisé de toute autre manière, sauf autorisation expresse de l'éditeur, selon les termes et les conditions d'achat, ou selon les dispositions expresses de la loi applicable. Toute distribution ou utilisation non autorisée de ce texte ainsi que toute altération de l'information électronique sur le régime des droits constitue une violation des droits de l'éditeur et de l'auteur et sera sanctionnée civilement et pénalement conformément aux dispositions de la loi 633/1941* et de ses modifications ultérieures.

Ce livre ne peut en aucun cas faire l'objet d'un échange, d'un commerce, d'un prêt, d'une revente, d'une location-vente ou d'une autre diffusion sans le consentement écrit préalable de l'éditeur. En cas d'accord, ce livre ne peut être présenté sous une autre forme que celle dans laquelle l'œuvre a été publiée, et les conditions incluses dans le présent document s'imposent également à l'utilisateur ultérieur.

Sommaire

INTRODUCTION 6

Avant de commencer.. 15

CHAPITRE 1 – QU'EST-CE QUE LE TDAH ? 16

Qu'est-ce que le TDAH ? 18

Les trois sous-types de TDAH 22

Le problème de Marco, et peut-être le vôtre aussi... 24

Liste de contrôle des symptômes 26

Dans le cerveau d'un adulte atteint de TDAH 28

CHAPITRE 2 - LE TDAH DANS LA VIE DE TOUS LES JOURS (COMMENT APPRENDRE À SE DÉBROUILLER DANS LE GRAND OCÉAN DES ENGAGEMENTS, DES ÉCHÉANCES ET DES RENDEZ-VOUS) 33

Cécité temporelle - Qu'est-ce que la cécité temporelle dans le TDAH ? 37

Outils pratiques pour améliorer la perception du temps 39

L'importance de l'environnement de travail et comment l'adapter à vos besoins 44

P comme Procrastination... 47

Le pouvoir de la technologie et comment l'utiliser à votre avantage............... 52

Fiche d'activité - Créez votre propre routine anti-distraction et anti-procrastination.. 54

CHAPITRE 3 - TDAH ET ÉMOTIONS - COMMENT PRENDRE SOIN DE VOTRE BIEN-ÊTRE MENTAL 63

La régulation émotionnelle : qu'est-ce que c'est et comment la mettre en œuvre dans votre vie quotidienne ? 66

CARTE D'ACTIVITÉ - La gymnastique (comportementale) de la résilience... 69

Oups, c'est encore arrivé ! Stratégies de gestion de l'impulsivité 73

CHAPITRE 4 - RELATIONS, RELATIONS ET ENCORE RELATIONS ! COMMENT LE TDAH AFFECTE LES RELATIONS INTERPERSONNELLES 78

TDAH et relations 81

CHAPITRE 5 - MÉDICAMENTS ET TRAITEMENTS 89

Thérapies cognitivo-comportementales (TCC) et le TDAH 93

CHAPITRE 6 - NE METTEZ PAS VOTRE ESTIME DE SOI EN VEILLE 98

Un voyage (mouvementé) vers l'acceptation de soi 100

Des défis aux succès - Un guide pratique pour changer votre vie du jour au lendemain (avec un peu d'effort...) 103

Faites fructifier vos superpouvoirs 107

Atout n° 1 - Une créativité explosive 108

Atout #2 - Hyperfocalisation 117

.... 122

Découvrir la micro-hyperfocalisation 122

Technique avancée - Synchronisation neuronale multisensorielle 123

Atout #3 – Résolution rapide des problèmes 125

La technique du chaos contrôlé 130

Atout #4 – Énergie et dynamisme 132

Le neuro-hacking circadien 135

CONCLUSION 137

Introduction

N'avez-vous pas déjà eu l'impression d'être toujours en retard, toujours à la traîne, toujours à la poursuite d'une réponse inaccessible ? De commencer mille projets sans en mener aucun à terme ? D'être submergé par les petites tâches quotidiennes, au point de vous paralyser et de ne pas pouvoir faire un seul pas en avant ?

> *« Alors… Encore tête en l'air ? »*
> *« La réunion était prévue il y a trois heures. Qu'est-ce qui vous arrive ? »*
> *« Oh maman, tu es encore en retard ! Je n'en peux plus, vraiment ! »*

Plaintes, incorrections, malentendus.
Pendant de nombreuses années, j'ai dû faire face à un sentiment *d'inadéquation* de plus en plus écrasant. Je ne me sentais *jamais assez intelligent, assez organisé, assez informé, assez ordonné, ni assez fiable.*
Je vous souhaite donc la bienvenue dans mon propre microcosme mental !
Bienvenue dans le monde de ceux qui vivent en contact étroit avec le TDAH, le trouble déficitaire de l'attention avec hyperactivité. Il s'agit d'un paroxysme de scénarios chaotiques et déroutants, voire quelque peu frustrants, ponctués de distractions constantes, d'oublis, de procrastination chronique et d'un très faible sentiment d'efficacité personnelle.
Durant des années, j'ai vécu à la merci d'un esprit en ébullition, sans comprendre ce qui n'allait pas. Je me sentais stupide, paresseux et peu convaincant.
Je n'arrivais pas à garder un emploi, mes relations étaient un désastre, mon estime de soi était au plus bas. Jusqu'à ce que, à l'âge de vingt-neuf ans, je reçoive enfin le diagnostic qui a tout changé et qui a mis en lumière la raison pour laquelle je me sentais constamment différent de mes pairs, le TDAH.

À compter de ce moment, je me suis engagé sur un chemin de prise de conscience et d'acceptation qui m'a mené loin, avec les conseils de la doctoresse Laura, que vous apprendrez à connaître dans les prochaines pages du livre que vous tenez entre vos mains. La thérapie a tracé une direction à suivre ; j'aime l'imaginer comme une boussole d'orientation. C'est un moyen, un outil avec un grand O, qui permet d'entreprendre un voyage à la découverte de soi. Un itinéraire fait de hauts et de bas, de victoires et de défaites, mais qui m'a permis de comprendre enfin <u>comment fonctionne mon esprit et comment le gérer au mieux.</u>

Ce journal-manuel se propose d'être un guide pour ceux qui, comme moi, souffrent de TDAH à l'âge adulte et peinent à trouver leur place dans le monde, en jonglant avec d'interminables difficultés d'adaptation. Pour y parvenir, j'alterne ma voix avec celle d'une psychologue extraordinaire, la doctoresse Laura, pour être précis.

L'objectif ? Vous offrir autant le point de vue d'une personne qui vit de près les troubles de l'attention que celui d'une personne qui possède tous les outils professionnels pour aider d'autres patients à les surmonter et à les gérer le plus efficacement possible.

Ne vous attendez pas à des miracles ou à des solutions faciles. Le TDAH ne se guérit pas, mais il est possible d'apprendre à vivre avec lui. Avec les bonnes stratégies et un peu de patience, vous aurez tout ce qu'il faut pour mener une vie pleine et satisfaisante - sur le plan professionnel, émotionnel, amical et familial. Un pas après l'autre, j'ai laissé derrière moi le tunnel de l'insuffisance, de la négligence et de la désorganisation chronique.
Aujourd'hui, j'aimerais vous aider à faire de même. La bonne nouvelle ? <u>Quelle que soit votre situation de départ, une amélioration est possible.</u> Avec l'aide de ma thérapeute, j'ai découvert qu'avec la bonne approche et les meilleures stratégies d'autogestion, vous pouvez vous rapprocher d'une vie quotidienne plus sereine, plus organisée et plus satisfaisante (malgré le TDAH). Je ne veux pas vous bercer de fausses promesses ni minimiser les difficultés que vous rencontrerez sur votre chemin. Mais je peux vous assurer que l'amélioration est une possibilité tangible. J'y suis parvenu sans grands moyens : juste avec un peu de bonne volonté, beaucoup de sacrifices et une bonne dose de désir de m'en remettre à un professionnel de la santé qui s'intéressait vraiment à mon bien-être. Ce que j'ai entrepris avec ma thérapeute a été un chemin long et tortueux, fait de petits pas en avant et de grands bonds en arrière. Au début, cela m'a semblé impossible.

Comment pouvais-je espérer mettre de l'ordre dans le chaos de mon esprit ? Comment apprivoiser un tourbillon de pensées qui m'éloignait sans cesse du moment présent ?

Cependant, jour après jour, j'ai commencé à remarquer des changements significatifs. En premier lieu, j'ai <u>appris à reconnaître les signaux de mon corps et de mon psychisme</u>. J'ai compris quand il était temps de m'arrêter ou de mettre le pied sur l'accélérateur pour me donner à fond et achever les tâches que je m'étais fixées, avec l'aide de la doctoresse Laura. J'ai trouvé des stratégies pour gérer les distractions et de nombreuses techniques pour rester concentré.

Je me souviens encore de la première fois où j'ai réussi à mener à bien un petit projet du début à la fin, sans interruption et sans le remettre au lendemain. Il s'agissait d'une simple présentation PowerPoint pour l'agence de marketing numérique où j'étais employé. Rien de bien compliqué, pensez-vous. Mais pour moi, <u>c'était une victoire extraordinaire.</u>

Et je l'avoue, j'ai fondu en larmes à l'idée que j'avais enfin acquis un pouvoir de décision sur mes actions, au travail comme dans la vie.

À partir de ce moment-là, j'ai enchaîné les petites et les grandes réalisations. J'ai appris à utiliser des agendas et des listes pour ne pas oublier mes engagements. J'ai découvert le pouvoir des routines et des habitudes dans le but de structurer mes journées. J'ai trouvé une multitude de moyens (très créatifs !) d'exploiter mon énergie chaotique au lieu de la réprimer, par peur d'être considéré par les autres comme quelqu'un de bizarre, de différent.

Le chemin n'a pas toujours été linéaire. Il est normal de passer par des périodes de découragement, des rechutes, des jours où les améliorations semblent s'estomper. POUF ! Mais à chaque fois, je me suis relevé, j'ai chéri l'expérience et j'ai recommencé avec l'aide d'un guide expérimenté, capable de me propulser vers de nouveaux horizons.

Aujourd'hui, ma vie est profondément différente. Elle n'est pas parfaite, bien sûr. Le TDAH est toujours là, et il le sera toujours. Mais il n'est plus le monstre indomptable que je croyais.

Au contraire, il est un compagnon de voyage un peu bizarre avec lequel j'ai appris à vivre et parfois même à collaborer. J'ai des relations stables et épanouissantes. J'ai appris à prendre soin de moi, de mon corps et de mon esprit.

Mais le plus important, c'est que j'ai retrouvé confiance en moi. Je n'ai plus l'impression de me tromper ni d'être brisé. J'ai compris que mon cerveau fonctionne de manière imprévisible et sui generis, et que cette singularité peut aussi devenir un atout.

Je me souviens d'un épisode en particulier qui a marqué un tournant. C'était un lundi matin comme les autres. Je m'étais réveillé tard, sans tenir compte du signal qui ne cessait de sonner sur la table de nuit, et je courais dans tous les sens pour me préparer à aller au travail. Entrée, cuisine, salle de bains. Café sur le feu, ordinateur portable, portefeuille. *Et les clés ? Ai-je fermé la fenêtre de ma chambre ? Ai-je éteint le gaz ?*

Dans ma précipitation, j'ai donné un coup de coude involontaire à la tasse de café, qui s'est brisée en mille morceaux, salissant le sol de la cuisine. Dans le passé, un petit incident de ce genre m'aurait fait paniquer et je serais arrivé au bureau frustré et le moral en berne.

Mais ce jour-là, j'ai eu la volonté de réagir différemment. Je me suis arrêté, j'ai respiré profondément et je me suis dit : « OK Marco, pas de problème ». Faisons le ménage et recommençons avec plus de conviction qu'avant. Ce n'est pas la fin du monde... ». Calmement, j'ai mis de l'ordre dans le désordre, je me suis versé un autre café et j'ai quitté la maison... avec le sourire ! Quelques heures plus tard, assis à mon bureau, je me suis rendu compte à quel point ce moment de stress avait été essentiel. J'avais géré un contretemps, sans me laisser envahir par l'anxiété et la frustration. Pour moi, la gestion de soi était synonyme d'épanouissement.

À partir de ce jour, sur les conseils de ma thérapeute, j'ai suivi de plus en plus les petites et les grandes réussites quotidiennes. J'ai appris à les célébrer, à les utiliser comme moteur de motivation afin de continuer à m'améliorer. J'ai compris que le changement ne se produit pas du jour au lendemain, mais qu'il est le résultat de nombreux petits pas dans la bonne direction.

J'ai commencé à expérimenter activement les stratégies décrites dans les chapitres suivants, en tenant un journal de mes progrès et en réfléchissant à ce qui fonctionnait (pour moi) et à ce qui ne fonctionnait pas. Un exemple ? J'ai découvert qu'une activité physique régulière m'aidait à gérer l'agitation et à améliorer la concentration. J'ai identifié des techniques de méditation adaptées à mon cerveau hyperactif. J'ai structuré mon environnement de travail de manière intelligente, de façon à mettre les distractions en veilleuse, au moins pendant un certain temps.

Mais surtout, j'ai appris à être bienveillant envers moi-même. À ne pas exiger la perfection, mais à valoriser le progrès. À ne pas me comparer constamment aux autres, mais à me concentrer sur mon parcours personnel.

Aujourd'hui, lorsque je regarde en arrière, j'ai du mal à reconnaître le Marco du passé - un garçon désespérément en quête de certitude, terrifié par le jugement des autres et désireux de faire partie de quelque chose de grand.

Le livre que j'ai décidé de publier n'est pas un amas d'informations que l'on trouve facilement sur le Web. Il s'agit davantage d'un <u>guide pratique</u>, débordant d'outils concrets et de stratégies qui m'ont aidé à (re)prendre le contrôle de ma vie. Et je suis convaincu que vous pouvez en bénéficier de la même manière.

Mais soyons clairs : la motivation et la volonté de changement jouent un rôle essentiel. C'est justement parce qu'il y aura des jours durant lesquels vous aurez l'impression de ne pas progresser et que la frustration vous envahira, que vous devez être conscient des montagnes russes qui vous attendent. Il y aura des moments où vous aurez envie de tout abandonner et de reprendre vos vieilles habitudes, celles-là mêmes qui, pourtant, ne vous ont jamais vraiment rendu heureux. C'est normal, cela fait partie du voyage qui vous attend.

Et vous savez quoi ? Je me souviens en particulier d'une phase très douloureuse - environ six mois après le début de la thérapie. J'avais l'impression d'être paralysé dans une boucle d'auto-sabotage. Les stratégies que j'avais commencé à appliquer durant la journée ne semblaient plus fonctionner, et mon esprit était à nouveau en ébullition. Et un matin, sans raison apparente, alors que j'étais assis dans la cuisine avec deux biscottes tartinées de pâte de noisettes devant moi, j'ai éclaté en sanglots. <u>J'avais l'impression d'être un échec total.</u>

J'en ai parlé lors d'une séance avec la doctoresse Laura. J'ai vomi sur elle toute la frustration, le désarroi et la confusion que je ressentais à l'intérieur. Et elle m'a calmement invité à réfléchir : « Ne te laisse pas décourager. Même si tu devais abandonner maintenant, tu te contenterais d'une vie qui ne te rendrait pas heureux ».

Ses mots ont été une étincelle. Ils m'ont rappelé pourquoi j'avais entrepris une thérapie. Et mon interlocutrice avait tout à fait raison : ce moment de crise s'est révélé être un tournant majeur. J'ai revisité mes stratégies, je les ai adaptées, j'ai découvert de nouvelles façons d'aborder les problèmes les plus insidieux.

C'est pourquoi j'ai choisi de partager avec vous, non seulement les succès, mais aussi les moments les plus difficiles.

Vous trouverez dans ce livre des exercices pratiques, des techniques de Mindfulness, pleine conscience, adaptées aux personnes souffrant de

TDAH, des outils de gestion du temps et des organigrammes. Mais il ne manquera pas non plus d'histoires personnelles et d'anecdotes de vie, les miennes et celles d'autres patients impliqués dans des dynamiques similaires. Car parfois, le fait de savoir que vous n'êtes pas seul peut faire toute la différence.

Je vous guiderai pas à pas dans la découverte de votre TDAH. Nous apprendrons ensemble à reconnaître vos forces et vos faiblesses. Nous découvrirons comment exploiter votre créativité et votre capacité à sortir des sentiers battus.

Êtes-vous prêt(e) ?
Alors, tournez la page et mettez-vous à l'épreuve !
Il n'est jamais trop tard pour apprendre à vous connaître (et à connaître votre TDAH) plus en profondeur.

Ce qu'a vécu Marco est une histoire que je rencontre fréquemment dans mon travail, en face à face, avec des patients adultes atteints de TDAH. Le trouble déficitaire de l'attention avec hyperactivité semble, à première vue, un obstacle insurmontable. Cependant, la recherche et l'expérience clinique montrent qu'il existe des dizaines et des dizaines de stratégies efficaces pour gérer les symptômes et améliorer la qualité de vie de ceux qui sont touchés.

L'évolution de Marco est semblable à celle de nombreux adultes : un diagnostic tardif à un âge avancé, le soulagement de donner enfin un nom à ces difficultés perçues tout au long de la vie, suivi d'une période de découragement et de confusion. Mais c'est là que commence le véritable travail de croissance et de changement.

Dans ma pratique, j'ai vu des patients mûrir en un temps record, grâce à un mélange savamment dosé de thérapie cognitivo-comportementale, de techniques pratiques de gestion du temps et de l'attention et, dans certains cas, de médicaments appropriés. N'ayez crainte, je vous en dirai plus dans les chapitres suivants. J'ai connu des managers performants capables de gérer leur agenda chaotique, des artistes et des créatifs de toutes les sortes qui ont trouvé des moyens plus sains de canaliser leur sens de l'imagination, sans se perdre dans le labyrinthe de leur propre esprit, et des étudiants universitaires capables d'adopter des stratégies et des plans d'étude qui mettent en valeur leurs points forts.

Les expériences que je pourrais partager avec vous sont nombreuses, en effet.

Mais j'aimerais mentionner une patiente en particulier, Giulia. Cette brillante architecte avait du mal à respecter les délais et à mettre de l'ordre dans ses projets. Lorsqu'elle est venue me voir, elle était sur le point de perdre le travail qu'elle aimait. Nous avons travaillé ensemble, semaine après semaine, en testant une multitude de stratégies. C'est ainsi que nous avons réalisé que son esprit TDAH réagissait à la stimulation visuelle. Nous avons alors inventé un système de gestion de projet, basé sur des cartes mentales colorées et des post-it. Un changement apparemment superficiel, certes, mais qui a <u>entièrement révolutionné</u> sa façon de travailler. Six mois plus tard, non seulement elle avait surmonté la crise avec ses clients du moment, mais elle avait été promue chef de projet.

Et Luca ? Enseignant dans un collège, il se passionnait pour l'écriture de livres de fiction. En raison de son trouble déficitaire de l'attention, il avait du mal à rester concentré, tant en classe qu'en dehors des quatre murs de l'établissement, surtout lorsqu'il écrivait son premier roman. Ensemble, nous avons développé des techniques de pleine conscience spécifiquement adaptées au cerveau des personnes souffrant de TDAH. Luca a découvert que de courtes séances de méditation guidée avant les cours l'aidaient à rester présent et à se concentrer sur l'instant présent, le ici et maintenant.

Chère Lectrice, Cher Lecteur, si vous avez lu jusqu'ici, j'imagine que vous voulez vous mettre à l'épreuve et reproduire les stratégies, qui ont permis à d'autres avant vous de trouver des solutions fructueuses, et ce, dans les domaines les plus divers de la vie de tous les jours.

Le livre que j'ai coécrit avec Marco est un roman-journal transformateur, un manuel convivial avec une forte orientation pragmatique. Nous vous prenons par la main et nous vous accompagnons pas à pas pour découvrir ce qu'est le TDAH et comment le gérer de manière très personnalisée. Vous pouvez considérer *chaque chapitre comme étant une étape.*

Vous allez *découvrir comment gérer le temps*. Nous allons vous expliquer de A à Z les meilleures techniques pour apprivoiser la confusion et retrouver la concentration, même en période de surstimulation. Nous allons explorer le monde des émotions, qui sont souvent écrasantes pour les personnes souffrant de troubles de l'attention, et apprendre à chevaucher les tsunamis perceptifs, afin de ne pas être submergé par eux.

Marco sera le premier à vous parler. Son expérience, authentique et sans filtre, est le point de départ pour comprendre les défis qui vous attendent. Il va partager avec vous ses moments de découragement, ses frustrations, ses échecs. Mais surtout, il va vous montrer comment il a trouvé la voie pour s'en sortir.

Vous allez pouvoir vous immerger dans son histoire, vous reconnaître dans ses mots et vous sentir moins seul tout au long de votre parcours. Marco va vous montrer que le changement est possible, même lorsque tout semble aller à l'encontre de votre volonté.

Après quelques pages, j'entrerai à mon tour en scène. Je suis thérapeute spécialisée dans le trouble du déficit de l'attention avec hyperactivité. Mon objectif est de vous guider à travers des *stratégies concrètes et scientifiquement validées*. En bref, je vais vous fournir des outils pratiques qui vous permettront de relever les défis dont Marco vous a parlé.

À la fin de *chaque chapitre-étape*, nous avons dressé une liste d'exercices à réaliser, de techniques à expérimenter et de conseils pour intégrer les informations apprises au quotidien. Je vais vous montrer comment concevoir des routines efficaces, comment structurer votre environnement pour minimiser les distractions et comment utiliser la *technologie à votre avantage*.

Mais il ne s'agit pas de mots imprimés sur du papier et destinés à être oubliés. Chaque étape est assortie d'exemples concrets et de courtes études de cas de patients réels, qui ont appliqué avec succès les mêmes stratégies que celles que vous allez mettre en œuvre.

Des sections interactives sont également prévues pour vous permettre de réfléchir à votre expérience personnelle, de reconnaître vos points forts et de vous recentrer sur des aspects spécifiques. En bref, <u>nous allons vous guider dans l'élaboration d'un plan d'action personnalisé.</u>

J'espère que la combinaison de nos deux perspectives va vous aider à entrer dans le vif de la *thérapie*.

Avant d'aller plus loin, je vous souhaite un agréable séjour au fil des pages de notre manuel et je vous rappelle que, malgré la richesse des informations disponibles sur le net, il est essentiel d'élaborer *une stratégie sur mesure*, avec l'aide d'un *professionnel de la santé*.

Demander de l'aide est un choix concret vers la liberté et le bonheur.

Ceci étant dit, allons-y !

Et n'oubliez pas, votre esprit n'est pas brisé, et nous nous réjouissons de vous révéler sa beauté intrinsèque.

Avec toute notre affection,
Marco & Laura

Avant de commencer

Pour tirer le meilleur parti de ce manuel, suivez nos conseils de lecture.

01. Chaque module est rédigé de manière à être autonome, n'hésitez donc pas à passer d'une section à l'autre en fonction de vos besoins momentanés.

02. Les fiches d'activité sont des outils pratiques. Prenez le temps de les remplir calmement, éventuellement en plusieurs séances, pour mieux intérioriser les concepts clés.

03. Ne vous sentez pas obligé de tout lire en une seule fois. L'approche doit se faire graduellement. Je vous propose d'appliquer un conseil à la fois à votre routine quotidienne.

04. Gardez le manuel à portée de main comme point de référence, vous pourrez ainsi revenir sur les nombreux sujets lorsque vous en ressentirez le besoin.

05. Personnalisez votre expérience, soulignez, prenez des notes, utilisez des marque-pages de couleur afin de mettre en évidence les passages qui vous interpellent le plus. Vous les retrouverez ainsi aisément.

Chapitre 1 – Qu'est-ce que le TDAH ?

Question à un million d'euros... *Qu'est-ce que le TDAH ?*
Pour être honnête, bien que j'aie lu des dizaines de livres sur le sujet, il y a toujours quelque chose qui m'échappe. C'est pourquoi je ne vais pas tenter de vous donner une définition classique, mais je vais vous raconter mon histoire. *Ce que le TDAH a signifié pour moi.*
Chère Lectrice, Cher Lecteur, il y a une chose dont je me souviens parfaitement et que je n'oublierai probablement jamais. Il s'agit des après-midi que je passais à mon bureau, se trouvant dans ma chambre, les livres d'histoire ouverts devant moi et l'esprit vagabondant partout (sauf dans les chapitres consacrés à la Seconde Guerre mondiale ou à la Révolution française).
Je lisais et relisais des *centaines de fois le même paragraphe* sans pouvoir retenir la moindre date. Je me levais constamment sous prétexte de devoir boire un verre d'eau ou d'aller aux toilettes dans l'espoir de remettre cette torture à plus tard.
À l'université, la situation ne s'est pas améliorée. Non, Chers Lecteurs. Elle s'est considérablement aggravée. Les cours magistraux étaient un véritable supplice pour moi ! Au bout de quelques minutes, je me retrouvais à griffonner dans mon agenda, à consulter mon téléphone mobile de manière obsessionnelle ou bien à regarder dans le vide, perdu dans mes pensées. J'essayais de suivre le fil du discours du professeur qui se pavanait derrière son bureau, mais ses paroles « entraient par une oreille et sortaient par l'autre », comme on dit. J'étais le cauchemar des enseignants.
Mes camarades de classe ne semblaient pas avoir ce genre de problèmes. Je les voyais prendre des notes avec application, poser des questions pertinentes et discuter avec passion des sujets abordés durant les cours. Je me sentais toujours un peu en retrait. De temps à autre, j'avais l'impression d'assister à un spectacle dans une langue que je ne connaissais pas et dont je ne comprenais que quelques bribes confuses.

Je me remémore avec une amertume particulière un épisode survenu lors d'un examen oral de littérature italienne. Le professeur m'avait posé une question apparemment simple sur un auteur que j'avais étudié durant des semaines. Pourtant, à ce moment précis, mon esprit s'est totalement vidé. Une table rase sans plus aucun souvenir ! J'ai balbutié quelques mots décousus, conscient des regards de mes camarades de classe qui attendaient leur tour.

L'enseignant a secoué la tête d'un air déçu : « Vous n'avez pas assez étudié, revenez à la prochaine session de test ».

J'avais effectivement consacré des semaines de nuits blanches à mes livres d'étude, *mais je ne pouvais pas le prouver.*

Des épisodes analogues se sont répétés à une fréquence décourageante. J'ai commencé à éviter les cours et à étudier seul chez moi. Là, dans le silence de ma chambre, je pouvais au moins gérer mon propre rythme. Mais même ainsi, me concentrer restait un défi titanesque. Je passais des heures à fixer les pages d'un livre sans rien absorber, alternant entre des moments de concentration intense et de longues périodes de *distraction totale.*

Le sentiment d'inadéquation grandissait de jour en jour. Je me sentais stupide, paresseux et même un peu incapable. *Pourquoi ne pouvais-je pas faire des choses qui, pour d'autres, semblaient aussi simples que de boire un verre d'eau ?*

Mais le problème ne se limitait pas aux examens semestriels. Ma vie entière était un véritable chaos. *À 360 degrés.* J'oubliais des rendez-vous, je perdais tout le temps des choses, j'arrivais toujours en retard. J'étais dispersé dans tous les sens. Mon appartement était en désordre et mes colocataires me regardaient avec un air de désapprobation bon enfant. Si la maison n'était qu'un tas de vêtements entassés dans les coins et la cuisine envahie de vaisselle, de casseroles et de poêles formant la tour de Pise, c'était uniquement à cause de moi, laissaient-ils entendre de manière peu discrète. Commencer un projet, quel qu'il soit, était pour moi une tâche extrêmement fatigante, et l'achever, une mission tout à fait impossible.

Au travail, ce n'était pas mieux. Je passais les heures les plus productives de la journée à fixer l'écran de l'ordinateur sans jamais rien terminer. Puis, tout à coup, je me retrouvais à travailler frénétiquement jusqu'à tard dans la nuit dans le but de respecter les délais. Mes collègues me regardaient d'un air perplexe, convaincus que j'étais apathique ou peu fiable. En réalité, j'étais terrifié à l'idée de me décevoir et de décevoir les autres, une fois de plus.

Mes relations personnelles en ont été affectées. J'avais du mal à maintenir mon attention durant les conversations, j'interrompais constamment les autres avec des pensées qui me trottaient dans la tête. Je me retrouvais souvent à regarder dans le vide alors que quelqu'un me parlait, perdu dans un raisonnement qui n'était pas nécessairement pertinent. Mes amis me considéraient comme distrait et désintéressé. *Mon inconstance et mon indifférence apparente ont vite lassé mes partenaires.*

Mon esprit était un tourbillon de pensées, d'idées et de soucis. La nuit, je n'arrivais pas à m'endormir et le matin, je me levais épuisé, après avoir passé des heures à ruminer sans cesse.

L'anxiété m'accompagnait constamment. Je me sentais toujours à deux doigts d'oublier quelque chose d'important et de commettre une erreur irréparable qui, hélas, *me coûterait probablement ma carrière.* Je vivais avec le sentiment écrasant de ne pas être à la hauteur, de me décevoir constamment et de *décevoir les gens qui me faisaient confiance.*

J'essayais de mettre de l'ordre dans ma vie. J'achetais des agendas que je finissais par perdre au bout de quelques jours. Je téléchargeais des applications de gestion du temps, que j'abandonnais presque immédiatement. *Rien ne semblait fonctionner.*

Je me sentais piégé dans une boucle sans fin de bonnes intentions et d'échecs. Je voulais changer, mais je ne savais pas comment. La frustration grandissait, ainsi que la conviction que j'étais désespérément brisé et… défectueux.

Tout cela à cause d'un acronyme dont je ne connaissais même pas l'existence à l'époque.
TDAH.
Arrivé à ce stade, une question se pose…

Qu'est-ce que le TDAH ?

La doctoresse Laura nous explique…
Le TDAH, *Attention Deficit Hyperactivity Disorder ADHD,* (en français le trouble déficitaire de l'attention avec hyperactivité), est un trouble du développement neurologique qui affecte les enfants et les adultes. Il se caractérise par la présence de trois symptômes principaux, avec lesquels

nous allons nous familiariser dans les pages qui suivent. *L'inattention, l'hyperactivité et l'impulsivité.*

Pour faire court, **A)** l'inattention se traduit par une difficulté à maintenir la concentration, une tendance à la distraction, ainsi que des problèmes d'organisation et de planification des tâches quotidiennes. **B)** sa petite sœur, l'hyperactivité, s'exprime par une agitation motrice, une difficulté à rester en place et le sentiment d'être *toujours en mouvement*, même dans des contextes qui requièrent une approche plus calme. Enfin, **C)** l'ennemi numéro un des parents et des enseignants (mais aussi des employeurs), l'impulsivité, conduit à agir sans réfléchir aux conséquences de ses actes, à interrompre les autres sans demander la permission d'intervenir, et à prendre des décisions trop hâtives, dont les conséquences peuvent être désastreuses.

Clarifions un point important. Je tiens à réaffirmer avec force que le TDAH n'est pas une manifestation de *vivacité* ou un *manque de discipline*, mais un véritable trouble neurobiologique ayant des bases génétiques et neurochimiques. La recherche en neuro-imagerie a montré des *différences structurelles et fonctionnelles* dans le cerveau des personnes atteintes de TDAH - en particulier dans les zones impliquées dans l'attention, le contrôle des impulsions et les fonctions exécutives.

La prévalence du TDAH est estimée à 5-7 % chez les enfants d'âge scolaire et à 2,5-4 % chez les adultes. Contrairement à ce qui avait été pensé auparavant, il ne s'agit pas d'un trouble exclusif à l'enfance, mais d'un état qui persiste à l'âge adulte dans environ 60 % des cas.

Ses causes sont multifactorielles. La composante génétique joue un rôle déterminant. Des études sur des jumeaux ont montré une héritabilité de l'ordre de 70 à 80 %. Cependant, d'autres facteurs environnementaux, tels que des complications prénatales ou périnatales, l'exposition à des toxines environnementales ou des traumatismes psychologiques précoces, peuvent également contribuer à l'apparition des symptômes les plus marqués.

Au niveau neurochimique, le TDAH est associé à un déséquilibre des systèmes de la **dopamine** et de la **noradrénaline**, deux neurotransmetteurs essentiels aux fonctions d'attention, de motivation et de contrôle des impulsions. C'est pourquoi les médicaments stimulants qui agissent sur ces systèmes peuvent être efficaces dans le traitement du TDAH.

Il est important de souligner que le trouble se présente différemment chez les enfants et chez les adultes. Au cours de l'enfance, les symptômes les plus évidents concernent souvent l'hyperactivité et l'impulsivité. <u>L'enfant ne peut pas rester assis, il interrompt constamment les autres et agit sans réfléchir</u>. Chez l'adulte, en revanche, <u>l'hyperactivité</u> tend à diminuer tandis que les problèmes <u>d'attention</u> et <u>d'organisation persistent</u>.

L'adulte atteint de TDAH a généralement des difficultés à maintenir son attention sur de longues tâches ennuyeuses, il a tendance à procrastiner, il perd fréquemment des objets importants ou oublie ses rendez-vous, bien que ceux-ci aient été notés dans l'agenda quelques jours auparavant. De l'extérieur, il donne l'impression d'être *désorganisé et chaotique*, car il a du mal à gérer le temps et les délais. L'impulsivité se manifeste par des décisions hâtives, des changements fréquents dans le travail ou les relations, mais aussi par des problèmes de gestion financière.

Un aspect capital du TDAH, trop souvent sous-estimé, est également la *dysrégulation émotionnelle*.

En avez-vous déjà entendu parler ?

Les personnes atteintes de TDAH ont tendance à avoir des réactions émotionnelles intenses et rapides, des difficultés à gérer la frustration et des sautes d'humeur fréquentes. Tout cela entraîne continuellement des problèmes dans les relations interpersonnelles ainsi que dans l'estime de soi.

Le diagnostic de ce trouble est de nature clinique et repose sur une évaluation approfondie des symptômes, de leur durée et de leur impact sur la vie quotidienne. Il n'existe pas de test de diagnostic unique, mais des entretiens cliniques, des échelles d'évaluation, des tests neuropsychologiques et, dans certains cas, des <u>examens instrumentaux tels que l'électroencéphalographie ou l'imagerie par résonance magnétique (IRM) sont utilisés pour exclure la coexistence d'autres pathologies.</u>

Il est fondamental que le diagnostic soit posé par des professionnels expérimentés, capables de distinguer le TDAH du reste des pathologies pouvant présenter des symptômes similaires, tels que les troubles de l'humeur, les troubles anxieux, les troubles de l'apprentissage ou les problèmes thyroïdiens.

Le traitement du TDAH est multimodal et individualisé. Si je devais dresser une liste d'interventions, j'y inclurais assurément :

01. LA PSYCHOÉDUCATION, qui fournit des informations sur le trouble au patient et à sa famille. C'est la première étape fondamentale.

02. LA THÉRAPIE COGNITIVO-COMPORTEMENTALE, (TCC) qui aide à développer des stratégies pour gérer les symptômes, améliorer l'organisation et le contrôle des impulsions.

03. LE COACHING TDAH, alias le soutien pratique pour développer l'auto-efficacité et les compétences d'auto-organisation.

04. LES INTERVENTIONS PSYCHOSOCIALES, telles que la formation des parents d'enfants atteints de TDAH, ou le soutien dans le contexte scolaire ou professionnel.

05. LA THÉRAPIE PHARMACOLOGIQUE. Les médicaments stimulants (comme le méthylphénidate) ou non stimulants (comme l'atomoxétine) peuvent être efficaces pour réduire les principaux symptômes du TDAH. La décision d'instaurer un traitement médicamenteux doit être prise au cas par cas, à l'issue d'une évaluation approfondie des risques et des bénéfices.

06. LA CONSCIENCE ET LA MÉDITATION, c'est-à-dire les techniques de pleine conscience, qui favorisent l'attention et réduisent l'impulsivité.

07. L'EXERCICE PHYSIQUE RÉGULIER, car il a été démontré que l'activité physique a des effets positifs sur les symptômes du TDAH et qu'elle améliore la concentration chez les patients qui souffrent d'une forte agitation, au cours de leurs journées.

08. LES THÉRAPIES COMPLÉMENTAIRES. Certaines personnes trouvent des bénéfices dans des approches telles que la musicothérapie, l'art-thérapie ou d'autres techniques de biofeedback. Il est indispensable de personnaliser son approche et de s'entourer de professionnels de santé dotés d'une grande ouverture d'esprit.

09. LES CHANGEMENTS D'ENVIRONNEMENT, pour structurer l'environnement d'étude ou de travail de manière à minimiser les distractions.

10. LE SOUTIEN NUTRITIONNEL, car certaines études suggèrent qu'une alimentation équilibrée, riche en oméga-3 et pauvre en sucres raffinés, peut avoir des effets positifs sur les symptômes du TDAH.

Chère Lectrice, Cher Lecteur, je voudrais rappeler que le TDAH, s'il n'est pas traité correctement, risque d'affecter considérablement la vie des personnes qui sont concernées, qu'il s'agisse d'adultes ou d'enfants. Il affecte les *performances scolaires* et *professionnelles*, les *relations interpersonnelles* et *l'estime de soi*. Les personnes dont le TDAH n'est pas traité sont plus susceptibles de développer des *troubles anxieux*, des *dépressions* et des *addictions*.

Cependant, avec un diagnostic et un traitement appropriés, la plupart des patients gèrent efficacement leurs symptômes et mènent une vie satisfaisante et très réussie. De nombreux adultes atteints de TDAH rapportent que leurs problèmes peuvent se transformer en forces, dans certains contextes. La tendance à sortir des sentiers battus est une forme de créativité et d'innovation, l'énergie élevée se transforme en productivité et la sensibilité émotionnelle devient de l'empathie.

Nous reviendrons sur ce sujet dans les prochaines pages du manuel que vous tenez entre les mains.

Les trois sous-types de TDAH

Le TDAH se manifeste de différentes manières. De fait, **trois sous-types principaux** ont été identifiés :

01. Le TDAH à prédominance inattentive
02. TDAH à prédominance hyperactive-impulsive
03. TDAH de type combiné

Ces sous-types reflètent les différentes combinaisons de symptômes qu'une personne présente au cours de sa maturation cognitive.

TDAH à prédominance inattentive
Les personnes atteintes de ce premier sous-type manifestent principalement des symptômes liés à l'inattention, sans présenter de niveaux significatifs d'hyperactivité ni d'impulsivité.

CARACTÉRISTIQUES TYPIQUES
- Difficulté à maintenir l'attention sur des tâches et des activités, qu'elles soient assignées ou imposées.
- Tendance à être facilement distrait
- Problèmes d'organisation des activités et de gestion du temps
- Oubli des tâches quotidiennes
- Tendance à perdre des objets importants
- Incapacité apparente à écouter lorsqu'on s'adresse directement au patient
- Difficulté à suivre des instructions et à accomplir des tâches plus ou moins difficiles.

Le sous-type en question est souvent moins évident dans l'enfance que le sous-type hyperactif, car les enfants n'ont pas de comportement perturbateur. Par conséquent, le diagnostic est généralement posé plus tard, parfois seulement à l'âge adulte. Les adultes atteints de TDAH inattentif sont fréquemment *qualifiés de distraits, de tête en l'air, dans les nuages, ou de désorganisés.*

TDAH à prédominance hyperactive-impulsive
Dans ce sous-type, les symptômes d'hyperactivité et d'impulsivité prédominent, tandis que les problèmes d'attention sont moins prononcés.

CARACTÉRISTIQUES TYPIQUES
- Difficulté à rester assis ou immobile
- Sensation d'agitation, toujours en mouvement
- Tendance à parler excessivement
- Difficulté à attendre son tour
- Interruption fréquente des autres
- Actions impulsives, sans tenir compte des conséquences
- Difficulté à effectuer des activités dans le calme

Ce sous-type se manifeste surtout chez les jeunes enfants, qui font preuve d'une énergie excessive et qui éprouvent des difficultés à contrôler leurs impulsions. Chez l'adulte, l'hyperactivité se manifeste plutôt par une *agitation intérieure ou une difficulté à se relaxer.*

TDAH de type combiné

Le dernier sous-type est également le plus courant. Les personnes atteintes de TDAH combiné présentent à la fois des symptômes significatifs d'inattention et d'hyperactivité-impulsivité.

CARACTÉRISTIQUES TYPIQUES
- Combinaison des symptômes décrits dans les deux autres sous-types
- Difficulté à maintenir l'attention et tendance marquée à la distraction
- Hyperactivité physique ou mentale
- Impulsivité dans les actions et les décisions
- Problèmes d'organisation et de gestion du temps
- Difficulté à mener à bien des tâches et des projets
- Tendance à la procrastination
- Sautes d'humeur et irritabilité

Le TDAH combiné est également considéré comme la forme la plus complexe de TDAH, car les personnes qui en souffrent sont confrontées à un plus large éventail de préoccupations. Imaginez que v*ous soyez constamment pris entre deux mondes*, d'une part, l'esprit qui vagabonde et qui se perd dans les détails, qui lutte pour se concentrer sur ce qui est important, et d'autre part, le corps et les émotions qui semblent avoir leur propre vie et qui poussent à l'action, alors même qu'il serait préférable de s'arrêter, de réfléchir et de compter jusqu'à dix.

Dans le monde du travail ou celui des études, une personne atteinte de TDAH est *ce collègue brillant, plein d'idées novatrices, mais qui a du mal à respecter les délais et à tenir son bureau en ordre*. Lors d'une réunion, par exemple, il a tendance à alterner entre des moments de profonde concentration, au cours desquels il offre des idées brillantes, et de longues périodes au cours desquelles il paraît complètement déconnecté.

Le problème de Marco, et peut-être le vôtre aussi...

Le diagnostic du trouble, à l'âge adulte, est un phénomène très courant.

La question se pose donc. Pourquoi tant de personnes ne découvrent-elles qu'elles sont atteintes du TDAH qu'après des décennies de difficultés mal reconnues ?

Les raisons sont nombreuses et complexes.

Tout d'abord, la croyance (totalement erronée) selon laquelle le TDAH constituait un trouble de la petite enfance a longtemps prévalu. Durant des décennies, la médecine et la pédagogie ont supposé que les enfants hyperactifs *grandiraient* et que leurs difficultés disparaîtraient naturellement avec la maturité. Cette idée a fait que de nombreux adultes atteints de TDAH n'ont jamais été *correctement évalués ou diagnostiqués*, surtout sans les comportements perturbateurs qui alarment les tuteurs et les enseignants.

Le cas de Marco semble confirmer cette thèse, à savoir un enfant vif et distrait, mais pas au point de terroriser ni d'alerter les adultes qui s'occupaient de lui. Il était considéré comme un enfant un *peu déconnecté de la réalité, un rêveur*. Personne n'a pensé qu'il pouvait y avoir quelque chose de plus profond derrière sa désorganisation chronique et sa difficulté à se concentrer, assis sur les bancs de l'école.

Comme mentionné dans les pages précédentes, un autre facteur déterminant est que les symptômes du TDAH chez l'adulte se manifestent différemment de ceux de l'enfant. L'hyperactivité physique, évidente dans l'enfance, se transforme en agitation intérieure. Les problèmes d'attention peuvent devenir plus flagrants à mesure que les responsabilités de la vie adulte augmentent et s'intensifient, entre les factures, la paperasse, les réunions, etc.

En outre, de nombreux adultes atteints de TDAH ont développé au fil des ans des stratégies de compensation qui masquent parfaitement leurs symptômes. Peut-être que, vus de l'extérieur, les patients atteints de ce trouble sont extrêmement intelligents et créatifs, capables d'exceller dans certains domaines malgré leurs difficultés. Il est donc plus difficile de reconnaître la nature de leur souffrance intérieure.

Même Marco, malgré ses hauts et ses bas à l'université, avait réussi à développer un certain nombre d'astuces pour gérer sa désorganisation chronique, avant qu'il ne prenne rendez-vous avec moi pour sa première séance. Il avait mis en place un système élaboré de petites feuilles de papier coloré, de rappels sur son téléphone mobile et de longues listes pour garder une trace de tout ce qu'il faisait. Cela a-t-il fonctionné ? Plus ou moins, mais c'était incroyablement stressant et il se *sentait toujours au bord du gouffre.*

Il y a aussi la question de la stigmatisation. Le TDAH est encore entouré de beaucoup de préjugés et d'incompréhension. De nombreux adultes hésitent à demander un diagnostic, de peur d'être étiquetés comme étant des malades mentaux ou d'être montrés du doigt, comme étant des personnes qui trouvent des excuses à leurs échecs.

Au cours de la thérapie, Marco a admis plus d'une fois qu'il ne voulait pas trouver d'excuses pour minimiser ses problèmes. Il craignait également le jugement des autres. Que penseraient ses collègues, ses amis, sa famille s'il leur disait qu'il souffrait d'un *trouble de ce genre ?*

Mais le plus grand obstacle au diagnostic à l'âge adulte est peut-être la *normalisation des difficultés*. De nombreuses personnes souffrant d'un TDAH non diagnostiqué ont passé une grande partie de leur vie à penser que leurs difficultés étaient normales, que tout le monde luttait de la même manière pour se concentrer, s'organiser et gérer son temps. Permettez-moi de passer la parole à la personne concernée...

> J'étais moi-même convaincu que mon esprit chaotique, mon état de distraction constant, ma difficulté à mener à bien des projets, n'étaient que des traits de ma personnalité. Je me disais : « Je suis comme ça. Je n'ai qu'à faire des efforts. »
>
> Ce n'est que lorsque j'ai commencé à lire les expériences d'autres personnes atteintes de TDAH que j'ai réalisé à quel point mes difficultés étaient similaires aux leurs. Il me semblait que je lisais un résumé de ma vie écrit par quelqu'un d'autre. *Ce sentiment de reconnaissance a été puissant et révélateur.*
>
> Le diagnostic, lorsqu'il a finalement été posé, m'a plongé dans un mélange de soulagement et de choc. D'une part, j'avais la confirmation que je n'étais ni paresseux, ni stupide et que mes difficultés *avaient une cause neurologique*. D'autre part, j'étais confronté au défi de reconsidérer toute ma vie à travers un nouveau prisme.

Liste de contrôle des symptômes

[ ] Avez-vous des difficultés à maintenir votre attention sur des tâches ou des activités durant des périodes prolongées ?

[ ] Êtes-vous facilement distrait par des stimuli non pertinents (bruits, pensées, objets) ?
[ ] Avez-vous tendance à reporter ou bien à éviter les tâches qui nécessitent un effort mental prolongé ?
[ ] Perdez-vous souvent des objets indispensables (clés, téléphone, documents) ?
[ ] Vous semble-t-il que vous n'écoutez pas toujours lorsqu'on vous parle directement ?
[ ] Avez-vous des difficultés à suivre des instructions et à accomplir des tâches ?
[ ] Avez-vous des difficultés à organiser vos tâches et à gérer votre temps ?
[ ] Êtes-vous souvent agité, tambourinant vos doigts ou bougeant vos jambes et vos pieds ?
[ ] Vous sentez-vous fréquemment « excité » ou comme si vous aviez un moteur interne ?
[ ] Parlez-vous excessivement ou interrompez-vous les autres avant qu'ils n'aient fini ?
[ ] Avez-vous des difficultés à attendre votre tour ?
[ ] Agissez-vous souvent de manière impulsive, sans réfléchir aux conséquences ?
[ ] Avez-vous des sautes d'humeur fréquentes ou des réactions émotionnelles intenses ?
[ ] Avez-vous tendance à prendre des décisions hâtives ?
[ ] Avez-vous des difficultés à mener à bien des projets ou à terminer ce que vous avez commencé ?
[ ] Vous sentez-vous souvent débordé(e) ou surchargé(e) ?
[ ] Avez-vous des difficultés à gérer vos finances (dépenses impulsives, comptes en désordre) ?
[ ] Changez-vous souvent d'emploi ou de relation, par ennui ou par insatisfaction ?
[ ] Avez-vous une faible estime de vous-même ou un sentiment d'inadéquation ?
[ ] Vous sentez-vous souvent anxieux ou déprimé ?

INSTRUCTIONS
Lisez attentivement chaque question et cochez la case, si le comportement décrit s'applique fréquemment à votre vie quotidienne.

RÉFLEXION
Pour chaque affirmation que vous avez cochée, essayez de penser à un exemple de votre vie au cours duquel le comportement en question s'est produit. *Qu'avez-vous ressenti ? Quel impact a-t-il eu sur votre vie quotidienne, votre travail ou vos relations ?*

Maintenant, comptez le nombre de cases que vous avez cochées :

0-5 : vous présentez peut-être certaines caractéristiques associées au TDAH, mais probablement pas à un niveau significatif.
6-10 : vous commencez à reconnaître plusieurs caractéristiques associées au trouble déficitaire de l'attention avec hyperactivité. Vous pourriez envisager d'en parler davantage avec un professionnel.
11-15 : vous présentez un nombre important de symptômes associés au trouble déficitaire de l'attention avec hyperactivité. Il est *conseillé de consulter un spécialiste* afin de procéder à une évaluation plus approfondie.
16-20 : vous présentez un grand nombre de symptômes typiques du TDAH. Il vous est fortement recommandé de consulter un expert en vue d'une évaluation complète. Le diagnostic n'est que la partie émergée de l'iceberg d'un bilan approfondi, qui vise à améliorer sensiblement votre mode de vie.

Attention : <u>ma liste de contrôle n'est pas un outil de diagnostic, mais seulement un point de départ destiné à stimuler votre réflexion personnelle et votre jugement comportemental.</u> Seul un professionnel qualifié peut poser un diagnostic précis.

Dans le cerveau d'un adulte atteint de TDAH

Chère Lectrice, Cher Lecteur, je vous demande un dernier effort.
Le premier chapitre - vous le savez - est toujours plus difficile à digérer en raison du nombre accru de définitions qu'il comporte. Pourtant, les informations que j'ai l'intention de partager sont très importantes pour comprendre la condition qui vous afflige (peut-être).
Pour bien comprendre le TDAH, il faut pénétrer dans le cerveau d'une personne qui en est atteinte. Au cours des dernières décennies, les

neurosciences ont fait de grands progrès dans la compréhension des mécanismes neurobiologiques qui sous-tendent l'attention et l'hyperactivité. Imaginons donc que nous ouvrions la porte du cerveau d'un patient imaginaire pour découvrir ses stratégies de pensée et son activité mentale.

Tout d'abord, les études de neuro-imagerie ont révélé des différences structurelles et fonctionnelles dans divers domaines. Qu'est-ce que cela signifie ? Pour commencer, il a été observé un retard dans la maturation du cortex préfrontal, c'est-à-dire le composant responsable des fonctions exécutives telles que l'attention, la planification, l'organisation et le contrôle des impulsions. Nous pourrions affirmer à juste titre que le centre de commandement du cerveau du TDAH est légèrement déphasé, ce qui rend plus difficile la gestion des fonctions cruciales dans les relations avec les autres, et en premier lieu avec la société.

Cependant, le cortex préfrontal n'est pas le seul à être impliqué dans la petite et grande révolution du trouble déficitaire de l'attention avec hyperactivité. En effet, le TDAH semble résulter d'une altération des circuits fronto-striataux, c'est-à-dire des connexions entre le cortex frontal et les ganglions de la base. Ceux-ci sont principalement impliqués dans la dynamique du contrôle moteur, cognitif et émotionnel. Une altération neuronale peut par conséquent expliquer bon nombre des symptômes caractéristiques du TDAH, de la difficulté à contrôler les impulsions à l'hyperactivité somatique.

Au niveau neurochimique, le TDAH se caractérise par un déséquilibre des systèmes de la dopamine et de la noradrénaline. La dopamine, en particulier, joue un rôle clé dans les mécanismes de récompense et de motivation, ainsi que dans la capacité à moduler et à minimiser les stimuli à l'action, l'impulsivité. Une carence en dopamine, dans certaines zones du cerveau, explique pourquoi les patients souffrant de TDAH ont des difficultés à maintenir une motivation intérieure élevée lorsqu'ils effectuent des tâches peu stimulantes. Les patients que j'ai reçus dans mon cabinet, au cours des dernières années de ma carrière, sont désespérément fascinés par l'apparition de nouveaux stimuli. Leur mode de fonctionnement cérébral repose en grande partie sur la demande constante d'informations provenant de l'extérieur.

En outre, la noradrénaline joue un rôle déterminant dans *l'attention* et dans la *vigilance*. Les altérations du système noradrénergique contribuent aux *problèmes d'attention et de concentration typiques du TDAH*, et ce, d'autant plus chez les enfants qui, à force de se comparer à leurs camarades de classe, finissent par développer un réel sentiment de frustration et/ou une faible estime de soi.

Répétons-le : les déséquilibres neurochimiques dont je vous parle dans ces pages peuvent se manifester de manière apparemment contradictoire. Un exemple ? De nombreuses personnes atteintes de TDAH rapportent qu'elles peuvent entrer dans un état *d'hyperfocalisation* lorsqu'elles sont vraiment intéressées par une tâche à accomplir. Je me souviens notamment du cas clinique d'une jeune femme de vingt-six ans, Sofia, artiste à l'Académie des Beaux-Arts, qui poursuivait sans cesse ses projets de peinture, oubliant même de temps en temps de manger et de boire. Le phénomène en question pourrait s'expliquer par une libération massive de dopamine, en réponse à un stimulus addictif, surmontant temporairement les difficultés attentionnelles.

Mais comment cela se traduit-il dans l'expérience quotidienne d'une personne atteinte de TDAH ?

Tout d'abord, le système de récompense du cerveau est calibré à une sensibilité différente. Les activités quotidiennes qui constituent une stimulation suffisante pour la plupart des individus peuvent se révéler *extrêmement ennuyeuses* pour une personne atteinte de TDAH.

Le cerveau recherche constamment des stimuli plus forts, plus intenses et plus riches. Cela explique la tendance à l'impulsivité, la recherche de la nouveauté, mais en même temps la facilité avec laquelle un individu peut s'ennuyer ou se désintéresser des choses et/ou des relations interpersonnelles.

La gestion du temps est un autre aspect profondément influencé par la neurobiologie du TDAH. Le cerveau de mes patients montre des signes évidents de difficulté à traiter les informations temporelles. *L'horloge interne* de mes interlocuteurs atteints du trouble déficitaire de l'attention avec hyperactivité fonctionne différemment, ce qui rend difficile *l'estimation* du temps nécessaire à la *réalisation d'une tâche* ou du temps écoulé depuis le début d'une certaine activité. Il va sans dire que cette dynamique peut entraîner le sentiment constant d'être en retard ou de ne jamais avoir assez de temps.

Et comme si cela ne suffisait pas, les émotions se manifestent également de manière imprévisible, intense et difficile à réguler. La cause de ce phénomène se trouve en partie dans les altérations des circuits limbiques, c'est-à-dire les zones du cerveau impliquées dans la gestion des émotions. Les adultes TDAH présentent des changements d'humeur rapides, des *réactions émotionnelles* intenses et une sensibilité accrue au rejet ou à la critique. Il semblerait que leur thermostat émotionnel soit réglé sur un niveau plus élevé, ce qui a pour effet d'amplifier chaque perception sensorielle.

En outre, la mémoire de travail, qui est fondamentale pour garder les informations à l'esprit tout en travaillant sur une tâche donnée, est pareillement altérée par les dérèglements des *neurotransmetteurs*. Le résultat ? Les patients qui viennent au cabinet se plaignent d'être *incapables de suivre des instructions* complexes, de se souvenir de ce qu'ils faisaient avant une distraction, ni de suivre le fil d'une *discussion* au cours d'une conversation trop longue. J'aime à considérer que mes interlocuteurs en consultation disposent d'une ardoise cognitive plus petite et plus facile à effacer que les autres individus.

La combinaison des caractéristiques neurobiologiques susmentionnées se traduit par une expérience de vie unique et très stimulante. Vivre avec un TDAH est une *expérience passionnante et pleine de potentiel*, mais aussi imprévisible et parfois dangereuse, si les outils de gestion intérieure ne sont pas adéquats.

Mais il est important de souligner que le trouble déficitaire de l'attention avec hyperactivité ne se définit pas seulement en termes de lacunes, ou de déficits. Le cerveau du TDAH possède également des potentialités uniques. La tendance à penser de manière non conventionnelle se traduit par une grande créativité et une *capacité à résoudre les problèmes* de manière souvent *innovante*. L'énergie et l'enthousiasme, s'ils sont canalisés de la bonne façon, conduisent à des réalisations *extraordinaires*. La sensibilité émotionnelle est synonyme d'empathie et de disposition à entrer en contact avec les autres.

Comprendre la neurobiologie du TDAH est fondamental tant pour les professionnels que pour les personnes confrontées à ce trouble. Connaître son cerveau, *comprendre pourquoi nous réagissons de telle ou telle manière, ou bien nous faisons face à telle ou telle difficulté,* c'est le premier pas vers l'acceptation et la prise en charge efficace de la symptomatologie dont je vous ai parlé dans ces pages.

> Avoir découvert le fonctionnement de mon cerveau a été très *instructif*. J'ai enfin compris pourquoi j'ai passé une bonne partie de ma vie à me *sentir différent* et mal à l'aise, mais aussi pourquoi je luttais dans certains domaines, alors que j'excellais dans d'autres avec une facilité déconcertante. J'ai appris à voir mon TDAH moins comme un ennemi à combattre que comme une

partie de moi profondément enracinée *qui mérite d'être comprise et gérée*, avec des hauts et des bas, bien sûr !

Aujourd'hui, lorsque je suis confronté à une difficulté, au lieu de m'en vouloir ou de me sentir inadapté, *j'essaie de comprendre comment mon cerveau TDAH perturbe la situation*. Si j'ai du mal à me concentrer sur une tâche ennuyeuse, je sais que ce n'est pas par paresse, mais parce que j'ai probablement besoin de plus d'informations à ce moment précis. Si je me sens submergé par les *émotions*, je me souviens que mon thermostat émotionnel est simplement réglé sur un *degré différent*. J'imagine que pour vous, lectrice ou lecteur, mes propos peuvent sembler banals et quelque peu affectés. Pourtant, cette prise de conscience m'a permis de développer des *stratégies* efficaces. J'ai appris à structurer mon environnement ainsi que mes activités, de manière à apporter à mon cerveau la stimulation dont il a besoin. J'ai appris à *respecter* le tic-tac des aiguilles de mon horloge interne afin d'être plus efficace dans mon travail, ma vie et mes relations amoureuses.

En résumé, si je devais répondre à la question « Qu'est-ce que le TDAH ? », je vous dirais aujourd'hui qu'il s'agit d'une *composante imprévisible* et assez compliquée de mon ego, mais aussi merveilleuse et spéciale à sa manière.

En bref, il s'agit d'un pouvoir caché en moi...
Le TDAH, c'est (aussi) moi.

Chapitre 2 - Le TDAH dans la vie de tous les jours (comment apprendre à se débrouiller dans le grand océan des engagements, des échéances et des rendez-vous)

Ah, l'anniversaire de Giulia !
Un exemple classique de la façon dont mon cerveau TDAH peut transformer une date importante en un drame digne d'une sitcom brésilienne. Laissez-moi vous raconter comment les choses se sont déroulées, afin d'illustrer parfaitement la manière dont mon cerveau atteint de trouble du déficit de l'attention avec hyperactivité (TDAH) s'est mis en travers de mon chemin plus d'une fois. *Et... de façon très créative, je l'admets !*
Alors, alors... C'était un mercredi comme les autres. Je m'étais réveillé de bonne humeur, prêt à affronter la journée avec un mélange savamment dosé d'enthousiasme et de chaos. J'avais même préparé le petit-déjeuner sans continuer à consulter mon téléphone alors que ma cafetière italienne était sur le feu ! *Un vrai record !*
Arrivé au bureau, je me suis plongé dans le travail avec une certaine impatience et une bonne dose de motivation.
Des présentations à terminer, des courriels à écrire, des réunions auxquelles il fallait assister, ou du moins essayer d'y assister. Le temps passait vite, comme d'habitude. Avant même de m'en rendre compte, c'était déjà l'heure du déjeuner.

C'est en mâchant distraitement mon sandwich que j'ai remarqué la date sur le calendrier de mon ordinateur. Le *15 mai*. Une sonnette d'alarme a commencé à retentir faiblement dans ma tête, mais je l'ai ignorée. Il devait s'agir d'une de ces fausses sensations de *déjà-vu* que j'éprouve souvent lorsque j'essaie de me faire une idée des numéros, des délais et des listes de choses à faire.

L'après-midi a passé en un clin d'œil. À six heures pile, j'étais déjà en route pour le studio de Giulia. Nous avions prévu une soirée tranquille, une pizza et un film. Mais… *Rien de particulier.*

Ce n'est qu'en franchissant le seuil de son appartement que j'ai réalisé *l'énormité* et le caractère tragique de mon erreur. Giulia était là, toute belle dans sa nouvelle robe, entourée de ballons et… d'un gâteau sur la table. Son sourire s'est transformé en une grimace de déception dès qu'elle a vu mon expression confuse.

« Marco, tu as oublié, n'est-ce pas ? »

Moi ?

Oublié ?

OUBLIÉ QUOI ?

À ce moment-là, j'ai souhaité que le sol s'ouvre sous mes pieds et m'engloutisse d'un seul coup. GLOUP ! *Comment ai-je pu oublier l'anniversaire de ma copine ? De nouveau ? Pour la seconde année consécutive ? Je lui avais promis d'être plus prudent et de ne pas faire de gaffe !*

Tout est à refaire.

Vous voyez, pour mon cerveau TDAH, le temps est un concept fluide et élastique. Les jours se succèdent dans une tache indistincte, les semaines se chevauchent, les mois… Il vaut mieux ne pas en parler. L'horloge interne fonctionne comme une montre peinte par le génie de Salvador Dali, les chiffres fondent en s'égouttant.

J'ai essayé de lui expliquer que ce n'était pas ma faute, que mon cerveau n'était tout simplement pas capable d'enregistrer les dates et les événements de manière… *normale*. J'aurais donné n'importe quoi pour être un ami plus attentif et plus présent. Mais mes paroles sonnaient creuses, même à mes propres oreilles.

Ma copine, déçue, secoua la tête. Ce n'est pas qu'elle soit surprise, bien au contraire. Ce n'était pas la première fois que mon TDAH sabotait nos moments privilégiés. Je me suis assis sur le canapé, submergé par une vague de honte et de frustration.

Comment pouvais-je lui expliquer que, dans mon esprit, le temps s'écoule différemment et de manière imprévisible ? Qu'il me semble parfois vivre dans une bulle temporelle dans laquelle le *passé, le présent et le futur* se mélangent dans un tourbillon de chaos et de confusion ? Que je peux passer des heures à regarder dans le vide, perdu dans mes pensées, pour ensuite *paniquer* parce que je suis en retard à un rendez-vous important ?

J'aime le répéter, car je pense qu'il exprime parfaitement la situation. Mon cerveau ressemble à une radio mal réglée, qui capte des fragments d'un millier de stations différentes. Et au milieu de ce bruit de fond, il est difficile de distinguer les *informations prioritaires*. Dates, rendez-vous, échéances... Tout se perd dans l'océan immense de mes pensées.

Ce soir-là, après une confrontation épuisante avec mon (ancienne) partenaire de vie, j'ai ressenti tout le *poids* de mon état. Et vous savez quoi ? Il ne s'agit pas uniquement d'*oublier des anniversaires* ou des fêtes. Il s'agit d'une *lutte constante* pour rester *ancré* dans le présent et pour ne pas se *perdre dans les ramifications* sans fin de mon esprit hyperactif.

Certains jours, je me réveille plein d'énergie et de bonnes intentions. Je fais des listes, je mets des rappels sur mon téléphone, je me répète mentalement toutes les choses que je dois faire. Mais il suffit d'une notification, d'une pensée fugace, d'un détail intéressant sur lequel mon esprit se fixe, et soudain, il est trois heures de l'après-midi et je n'ai rien fait de ce que j'avais prévu de faire.

D'autres jours, en revanche, le temps semble s'écouler au ralenti. Les minutes s'étirent à l'infini, tandis que j'essaie de me concentrer sur une tâche fastidieuse. Mon esprit vagabonde et se perd dans une multitude de directions différentes. Je me retrouve à regarder l'horloge, incrédule que seulement cinq minutes se soient écoulées depuis que j'ai commencé une tâche quelconque.

Et puis il y a les périodes (brèves et intenses) d'hyperfocalisation. Je peux me plonger intégralement dans quelque chose qui me passionne. Dans ces moments rares, le temps semble disparaître complètement. Je peux passer des heures à travailler sur un projet, oubliant de manger, de boire ou même d'aller aux toilettes. C'est comme si *le reste du monde cessait d'exister*.

Aujourd'hui, ma relation délicate avec les aiguilles et les chiffres des horloges se reflète dans tous les aspects de ma vie quotidienne. Au travail, j'ai la réputation d'arriver à la dernière seconde (quand tout va bien) ou d'être chroniquement en retard (ce qui est plus fréquent). Mes collègues en plaisantent désormais, mais je porte le fardeau d'être « la personne peu fiable et irrégulière ».

L'organisation de la journée est un défi permanent. Je me réveille avec les meilleures intentions du monde, armé de ma liste de choses à faire et de mon calendrier. Mais il suffit de peu de choses pour tout gâcher. Un coup de fil inattendu, un courriel urgent, une pensée soudaine qui attire mon attention, et mon bel emploi du temps vole en éclats.

Les tâches ménagères sont un autre champ de bataille. Faire le ménage peut devenir une odyssée.

Les courses sont une aventure en soi. J'entre au supermarché avec une liste précise et l'intention d'être rapide et efficace. Mais mon esprit a d'autres projets. Je me perds dans les rayons, fasciné par des produits dont je n'ai pas besoin. Je lis les étiquettes, je compare les prix, je me distrais avec des offres spéciales. Je ressors deux heures plus tard avec des achats complètement différents de ce que j'avais prévu.

Et qu'en est-il de la gestion financière ? Mon compte en banque est un mystère pour moi aussi. J'oublie souvent de payer mes factures, puis je me retrouve à faire des pieds et des mains pour éviter les interruptions de service ou les pénalités. Les dépenses impulsives sont mon talon d'Achille. Je vois quelque chose qui me plaît et je l'achète sans même y réfléchir, *en ignorant évidemment le budget que je m'étais initialement fixé.*

Les relations interpersonnelles en pâtissent. Comme avec mon ex, il m'arrive fréquemment d'oublier des rendez-vous ou d'arriver en retard. Certains, parmi mes amis et ma famille, ont appris à dédramatiser. Mais je suis conscient que mon inconstance les blesse.

Et puis, il y a ce flux incessant de pensées qui m'égare en permanence.

Un exemple ?

Il y a quelques semaines, si je me souviens bien, j'étais sur le point d'écrire un courriel important que je remettais à plus tard depuis des jours. J'étais déterminé à le terminer, et à l'envoyer, et à en finir une fois pour toutes.

« Cher Dr Rossi », ai-je saisi sur le clavier. « En ce qui concerne votre demande... ».

À ce moment-là, mon regard s'est posé sur la tasse posée sur le bureau. Je me suis souvenu que je devais acheter du café. Mais quelle marque ? Celui que ma colocataire, Marta, aime ou celui que j'utilise habituellement ? En parlant de Marta, il faut que je l'appelle pour m'excuser encore une fois de ne pas être venu à son spectacle de danse. Je pourrais peut-être l'inviter à dîner ce week-end. Dans ce nouveau restaurant japonais ? Non, Marta n'aime pas les sushis. Peut-être un restaurant italien ? Il y avait cet endroit sympa près du parc... Le parc ! Je dois emmener le chien chez le vétérinaire pour le faire vacciner. Quand le vaccin expire-t-il ? Je dois vérifier le certificat. Où est le carnet ? Peut-être sur l'étagère du salon. Cette étagère est en désordre, je devrais la ranger. Je pourrais acheter de nouveaux contenants pour mieux organiser les choses. Il y a de bonnes affaires sur Amazon. Amazon me rappelle que je dois suivre le colis que j'ai commandé la semaine dernière. Qu'est-ce que c'était ? Ah oui, le cadeau d'anniversaire pour ma mère. Anniversaire ! Il faut que je le note sur le calendrier. À propos de calendrier, quand est mon prochain rendez-vous chez le dentiste ?

Et ainsi de suite, dans un tourbillon sans fin de pensées concaténées, jusqu'à ce que je me retrouve une demi-heure plus tard, en train de regarder des vidéos sur YouTube, avec *le courriel toujours inachevé affiché* à l'écran.

Voilà, c'est ça, mon cerveau TDAH en action. Une explosion ininterrompue d'idées, d'associations, de souvenirs et de distractions. C'est à la fois exaltant et frustrant. D'une part, cette capacité à établir des connexions inattendues me rend créatif et intuitif. D'autre part, elle rend extrêmement difficile l'accomplissement des tâches les plus simples.

C'est là que la thérapie (re)prend tout son sens.

Permettez-moi de passer la parole à la doctoresse Laura.

Cécité temporelle - Qu'est-ce que la cécité temporelle dans le TDAH ?

La *cécité temporelle (Time blindness)* est l'un des aspects les plus insidieux et les moins bien compris du trouble déficitaire de l'attention avec hyperactivité. Il s'agit d'une altération profonde de la *perception subjective du temps*, qui va bien au-delà du simple fait d'être distrait ou de perdre la notion du temps.

Pour une personne atteinte de TDAH, les minutes qui s'écoulent sont un *concept insaisissable, élastique et sans limites claires*. Il ne s'agit pas seulement d'oublier des rendez-vous ou d'être systématiquement en retard (bien qu'il s'agisse là de symptômes courants).

La *cécité temporelle* affecte tous les aspects de la vie quotidienne, depuis la gestion des tâches les plus banales, jusqu'à la planification à long terme. J'ai dressé ci-dessous une courte liste des manifestations les plus typiques de cette cécité temporelle. J'espère qu'elles vous aideront à comprendre le fonctionnement de votre esprit.

Poursuivons !

01. *Difficulté à estimer la durée d'une activité.* Les personnes souffrant de TDAH ont tendance à sous-estimer de façon chronique la durée des tâches, convaincues qu'elles peuvent tout faire en cinq minutes. Cette tendance comportementale est à l'origine de *retards chroniques* et d'un sentiment constant de surmenage.

02. *Incapacité à percevoir le temps qui passe.* Alors que pour la plupart des gens, le passage des minutes et des heures est presque *physiquement* perceptible, les personnes atteintes de TDAH ont tendance à perdre la notion du temps qui passe, surtout lorsqu'elles sont engagées dans des activités stimulantes.

03. *Vivre constamment dans l'instant présent.* Le cerveau des personnes souffrant d'un trouble déficitaire de l'attention avec hyperactivité a des *difficultés à se projeter dans l'avenir* ou à faire des plans à long terme. Tout ce qui n'est pas immédiatement présent a tendance à s'effacer, ce qui rend la *planification* et l'organisation difficiles.

04. *La procrastination chronique.* Non, il ne s'agit pas de paresse, mais d'une réelle incapacité à percevoir l'avenir comme quelque chose de concret et d'imminent. Les échéances semblent toujours lointaines jusqu'à ce qu'elles soient dramatiquement proches.

05. *Difficulté à diviser le temps de manière efficace.* Les personnes souffrant de TDAH peuvent passer des heures sur des tâches marginales et se retrouver ensuite à la limite de l'exécution des tâches vraiment importantes.

06. *Alternance entre l'hyperfocalisation et la distraction totale.* Les personnes atteintes de TDAH ont tendance à s'absorber complètement dans une tâche durant des heures, perdant ainsi la notion du temps, puis à ne pas pouvoir se concentrer, ne serait-ce que quelques minutes, sur des tâches moins stimulantes.

07. *Sentiment que le temps s'écoule de manière incontrôlée.* De nombreuses personnes atteintes de TDAH déclarent avoir l'impression que les jours, les semaines (voire les années) passent en un clin d'œil. Cette perception s'accompagne de l'idée de « ne pas pouvoir retenir les souvenirs ou les impressions ».

08. *Difficulté à respecter les routines et les horaires.* Même lorsque des horaires et des plans précis sont établis, les suivre devient extrêmement complexe pour les personnes souffrant de cécité temporelle.

09. *Tendance à vivre dans un éternel présent.* Le passé et le futur apparaissent comme des concepts abstraits, difficiles à appréhender. Cela conduit à répéter les mêmes erreurs ou à ne pas exploiter les *expériences* passées.

10. *Incapacité à percevoir le sentiment d'urgence.* Même lorsqu'il est confronté à des échéances imminentes, un esprit atteint de TDAH n'est pas atteint par la *pulsion intérieure* qui l'incite normalement à agir rapidement.

Les causes neurologiques de la cécité temporelle sont complexes et multifactorielles. Des études de neuro-imagerie ont mis en évidence certaines anomalies structurelles et fonctionnelles dans des zones cérébrales clés pour la perception et la gestion du temps. Il s'agit principalement du **A)** *cortex préfrontal.* Cette région, déterminante pour les fonctions exécutives telles que la planification et l'organisation, présente une activité réduite chez les personnes atteintes de TDAH. Une étude de Castellanos et al. (2002) a révélé une réduction du volume du cortex préfrontal chez les enfants atteints de TDAH. Deuxièmement, **B)** les circuits fronto-striataux sont également affectés : les connexions entre le cortex frontal et les ganglions de la base, cruciales pour la régulation temporelle, sont en effet altérées. Enfin, **C)** le cervelet, traditionnellement associé au contrôle moteur, joue, de plus, un rôle majeur dans la perception temporelle.
Au niveau neurochimique, le déséquilibre des systèmes *dopaminergiques* et *noradrénergiques* contribue de manière significative à la manifestation des symptômes de la cécité temporelle.

Outils pratiques pour améliorer la perception du temps

À présent, retroussons nos manches et essayons de jeter un regard neuf sur les défis du TDAH. La thérapie multimodale dans le traitement du trouble déficitaire de l'attention avec hyperactivité implique un ensemble de stratégies concrètes (avec des résultats tangibles) permettant d'améliorer la gestion du temps. Et, comme en témoignent mes patients, ces stratégies peuvent faire une réelle différence dans la vie quotidienne d'une personne atteinte de TDAH.

Bien que la cécité temporelle soit une caractéristique inhérente au trouble, il existe de nombreux outils qui permettent de mieux *visualiser* le temps et de structurer efficacement sa journée.

<u>L'objectif n'est pas de changer la façon dont le cerveau du TDAH perçoit les mouvements des aiguilles,</u> mais plutôt de créer un système de soutien externe qui compense les difficultés.

Mon expérience clinique m'a montré que, lorsqu'ils sont appliqués de manière cohérente et adaptés aux besoins individuels, les outils mentionnés dans les pages suivantes peuvent conduire à des améliorations significatives de la productivité, de la ponctualité et de la gestion du stress. Nombre de mes patients disent se sentir maîtres de leur vie et moins dépassés par les exigences professionnelles et relationnelles.

Alors, mettons ces outils à l'épreuve.

01. LE BLOCAGE DU TEMPS

Le blocage du temps (time-blocking) est une technique de gestion du temps <u>qui consiste à diviser la journée en *blocs* dédiés à des activités spécifiques</u>. Pour les personnes atteintes de TDAH, cette méthode peut se révéler révolutionnaire. Au lieu d'avoir une longue liste de tâches à accomplir sans structure temporelle, la gestion du temps fournit un *cadre visuel* et concret pour l'organisation de la journée.

Comment mettre en œuvre cette méthode ?

- Utilisez un calendrier numérique ou papier et divisez votre journée en blocs de 30 minutes ou d'une heure.
- Attribuez à chaque bloc une activité spécifique, y compris les pauses et les transitions entre les tâches.
- Utilisez des couleurs différentes pour classer les activités (par exemple, travail, temps personnel, tâches ménagères).
- Prévoyez des périodes tampons entre les tâches, permettant de faire face à des événements imprévus ou à des distractions.

L'efficacité du blocage du temps réside dans sa capacité à rendre le temps *visible*. Le fait d'observer la journée divisée en cases colorées permet de réaliser le concept de *flux opérationnel* et de se concentrer sur les activités planifiées.

02. CALENDRIERS VISUELS

La perception du temps peut jouer des tours aux personnes atteintes de TDAH, en particulier sur de longues distances, c'est-à-dire les semaines ou les mois. C'est pourquoi les **calendriers visuels** font parfois des miracles. Des couleurs vives, des feuillets repositionnables de couleur, des images ou des symboles placés sur un grand tableau noir ou sur un calendrier de trois ou de six mois, bien affichés à la maison ou au bureau, sont suffisants. Ainsi, les dates importantes sautent immédiatement aux yeux et les échéances ne tombent plus dans l'oubli.
Croyez-moi, ceci n'est pas de la magie, mais une astuce de psychologie. Le fait d'avoir le calendrier à portée de main rend tout plus réel. Cela vous aide à ne plus procrastiner et, surtout, à ne pas vous précipiter à la dernière minute.

03. MINUTEURS VISUELS

Les minuteurs visuels, tels que les sabliers ou les minuteurs numériques à affichage dynamique, sont extrêmement efficaces pour les personnes qui ont des difficultés à percevoir le passage du temps, au cours d'une tâche.

Comment les utiliser ?

- Utilisez un minuteur visuel pour chaque activité, en le réglant sur la durée prévue.
- Placez le minuteur de manière à ce qu'il soit toujours visible pendant que vous travaillez.
- Expérimentez différents types de minuteurs pour trouver celui qui convient le mieux à vos besoins.

Les minuteurs vous aident à *ressentir* concrètement le passage du temps. En outre, ils sont parfaits pour limiter les distractions dans un laps de temps prédéterminé.

04. TECHNIQUES DE FRACTIONNEMENT

Le fractionnement (*chunking*) consiste à diviser des tâches importantes et potentiellement paralysantes en fragments plus petits et plus aisés à gérer. Cette technique est particulièrement utile pour les personnes souffrant de TDAH qui ont tendance à se sentir dépassées par des projets complexes.

Comment l'appliquer

- Identifiez un macro-projet ou une macro-tâche et décomposez-le en *micro-tâches*.
- Attribuez à chaque micro-tâche une durée et une échéance estimées.
- Utilisez une liste de contrôle ou une application pour suivre la progression.
- Célébrez l'achèvement de chaque sous-tâche pour maintenir la motivation à un niveau élevé.

Le découpage (chunking) rend le concept d'un projet à long terme plus *concret et moins abstrait*. Au lieu d'envisager une seule échéance lointaine, il s'agit de créer plusieurs *micro-délais* immédiats et gérables. De cette manière, la personne atteinte de TDAH *s'adapte mieux* à la façon dont son cerveau perçoit la tâche.

Un exemple ?
Au lieu de se fixer l'objectif général d'écrire un livre en six mois, il est possible de diviser le projet en étapes plus petites et plus faciles à gérer, même en cas de distraction et de manque de concentration. *Rédiger le plan en deux semaines, terminer le premier chapitre en un mois, réviser les trois premiers chapitres en deux mois, et ainsi de suite.* Chaque sous-objectif devient un but concret et réalisable, stimulant la gratification instantanée dont le cerveau TDAH a de plus en plus besoin.

05. ROUTINES ET RITUELS

La création d'un *rituel* est un moyen d'ancrage très puissant, car il crée une structure prévisible à répéter passivement jour après jour. Pour les personnes atteintes de TDAH, qui luttent souvent contre l'incohérence et la désorganisation, les routines procurent un sentiment de stabilité et de contrôle.

Comment les mettre en œuvre ?

- Établissez des heures fixes pour le réveil, la préparation des repas principaux et le coucher.
- Créez des rituels du matin et du soir qui marquent le début et la fin de la journée.
- Associez des activités spécifiques à des moments précis de la journée, par exemple, vérifiez toujours votre courrier électronique après le petit-déjeuner.
- Utilisez des rappels visuels ou sonores pour signaler le début de chaque routine.

L'efficacité de cette approche réside dans sa capacité à créer des *points d'ancrage temporels* dans la routine quotidienne. Les points de repère permettent de structurer le temps de manière plus concrète et prévisible. Par exemple, le fait de savoir que chaque jour, à neuf heures, il *faut commencer à travailler* sur la tâche la plus importante de la journée crée un rythme et une attente qui aident à surmonter les résistances initiales et la procrastination.

Il est important de noter que pour les personnes souffrant de TDAH, le maintien d'un rituel fixe est un défi avec un grand D, dans 90 % des cas. Le cerveau des personnes souffrant d'un trouble déficitaire de l'attention avec hyperactivité a*ime la nouveauté et peut facilement s'ennuyer avec la répétition.*
C'est pourquoi il est bon de : **A)** commencer par des schémas simples et courts, afin d'augmenter la complexité progressivement, une étape à la fois. Et **B)** d'incorporer des éléments de variété et de flexibilité dans la routine elle-même. Par exemple, vous pouvez conserver l'habitude de faire de l'exercice tous les matins, mais varier le type d'activité (*course à pied, yoga, musculation*) pour maintenir l'intérêt. En outre, **C)** je vous recommande d'utiliser des aides visuelles et technologiques pour vous souvenir des routines et les suivre. Les applications de productivité, les listes de contrôle colorées ou les tableaux blancs magnétiques peuvent être des outils précieux dont je vous parlerai en détail dans les prochaines pages du livre que vous tenez entre les mains. Apprenez également à **D)** célébrer les succès, même les plus insignifiants, liés au maintien d'une routine épanouissante. Le *renforcement positif* est un facteur prépondérant pour le cerveau des personnes atteintes de TDAH.
Dans le cas précis de Marco, la mise en place d'un rituel personnalisé a permis d'améliorer considérablement sa routine quotidienne. D'abord

sceptique... Je me souviens encore de ses mots : « Docteur, la routine et moi sommes deux lignes parallèles, nous ne nous rencontrerons jamais ! »

Nous avons commencé par une routine matinale très simple :

01. Se réveiller tous les jours à la même heure (même le week-end)
02. Boire un verre d'eau
03. Faire quelques minutes de stretching ou de méditation guidée
04. Prendre son petit-déjeuner tout en vérifiant le programme de la journée

La séquence très élémentaire mentionnée ci-dessus a eu un impact surprenant sur la journée du patient. Marco a déclaré se sentir plus centré et moins anxieux le matin. » C'est comme si j'avais enfin trouvé le bouton *PLAY* pour débuter ma journée », m'a-t-il dit au cours d'une séance.

Encouragés par ce premier succès, nous avons progressivement introduit d'autres routines :

05. Une *heure de pleine puissance* de 10 à 11 heures, sans distraction d'aucune sorte. Marco a constaté que cette plage horaire lui permettait d'accomplir des tâches qui lui prenaient auparavant toute la journée.

06. Une routine de *vidage de cerveau* le soir. Quinze minutes avant d'aller au lit, pour noter toutes les pensées, les idées et les inquiétudes dans un carnet. Marco a appris à faire le vide dans son esprit et à mieux dormir.

07. Une évaluation hebdomadaire tous les dimanches soir pour faire le point sur la semaine écoulée et planifier la suivante.

L'importance de l'environnement de travail et comment l'adapter à vos besoins

Ah, mon ancien bureau ! Un espace ouvert sans limites, des places de travail encombrées et un bruit constant, des collègues qui bourdonnent, des téléphones qui sonnent, des imprimantes qui tournent. Pour mon esprit TDAH, c'était un véritable champ de mines.

Pour bien me faire comprendre, mon poste de travail était stratégiquement placé devant l'ascenseur, chaque porte qui s'ouvrait devenait une distraction que je ne pouvais ignorer. Les murs, couverts de posters de motivation aux couleurs vives, ont attiré mon attention dès les premières minutes où j'ai pris place à mon poste. Je me suis retrouvé à les fixer, perdu dans des réflexions sans queue ni tête, tandis que ma boîte aux lettres électronique se remplissait de messages urgents. Ensuite, il y avait mon bureau, un écosystème en constante évolution composé de piles de paperasse, de tasses de café à moitié vides et de gadgets antistress qui finissaient par me stresser encore plus. Il m'arrivait parfois de produire une quantité impressionnante de travail en quelques heures, mais ces moments étaient rares. Je me perdais souvent dans un tourbillon d'écrans ouverts et de mille choses commencées, sans jamais les achever.

Les réunions ? Une angoisse permanente. Pendant que tout le monde prenait des notes, je gribouillais distraitement.

C'est en discutant avec ma thérapeute que j'ai décidé de changer de cap. J'ai commencé à éliminer le superflu de mon poste de travail, à déplacer mon bureau dans un espace moins chaotique et à me fixer des heures précises pour consulter mon courrier électronique. Certes, j'ai fait de nombreuses tentatives avant de trouver la bonne combinaison de méthodes et de stratégies, mais les résultats m'ont surpris.

L'adaptation de l'espace à mes besoins n'a pas résolu tous les problèmes comme par magie, mais elle m'a permis de retrouver une certaine sérénité, de réduire mon niveau d'anxiété et d'enfin travailler - *et vivre* - de manière plus équilibrée.

L'adaptation a été longue et a nécessité une bonne dose de patience. Et si vous vous trouvez dans une situation similaire, je vous suggère de vous aider de *cette liste de contrôle* qui s'applique à (presque) tous les environnements de travail.

Cochez la case chaque fois que vous faites un pas en avant dans la gestion de votre espace professionnel.

01. Créez des zones dédiées
[ ] Établissez des zones spécifiques pour différentes activités (travail, détente, loisirs).
[ ] Attribuez un objectif clair à chaque espace
[ ] Séparez les zones de travail et de loisirs

02. Minimisez l'encombrement visuel

[ ] Adoptez le principe « une place pour chaque chose, chaque chose à sa place »
[ ] Utilisez des conteneurs, des boîtes et des étiquettes pour organiser les objets.
[ ] Effectuez un désencombrement régulier, en éliminant le superflu

03. Optimisez votre bureau

[ ] Ne gardez sur votre bureau que l'essentiel pour le travail quotidien
[ ] Utilisez des classeurs verticaux pour exploiter l'espace en hauteur
[ ] Placez un tableau noir ou un calendrier visuel à proximité

04. Gérez vos documents

[ ] Créez un système de classement simple et intuitif
[ ] Utilisez des chemises de couleur pour classer les documents par catégorie.
[ ] Numérisez et archivez numériquement lorsque cela est possible

05. Contrôlez les stimuli sensoriels

[ ] Utilisez des rideaux ou des panneaux pour moduler la lumière naturelle
[ ] Investissez dans un casque anti-bruit
[ ] Choisissez des couleurs neutres et apaisantes pour les murs et le mobilier

6. Créez un « coin de concentration »

[ ] Choisissez un espace calme et peu fréquenté
[ ] Installez une chaise ergonomique confortable
[ ] Gardez tout ce dont vous avez besoin pour travailler à portée de main

7. Utilisez des aides visuelles

[ ] Accrochez un grand calendrier ou un tableau noir pour afficher les engagements et les échéances.
[ ] Utilisez des papiers colorés repositionnables pour les rappels importants
[ ] Créez des cartes mentales ou des diagrammes, pour les projets complexes

8. Gérez la technologie

[ ] Organisez les câbles à l'aide de serre-câbles ou de goulottes.

[ ] Mettez en place des filtres anti-distraction sur les appareils électroniques
[ ] Créez des dossiers ordonnés sur le bureau de votre ordinateur

9. Incorporez des éléments naturels
[ ] Ajoutez des plantes d'intérieur pour améliorer la qualité de l'air
[ ] Placez votre bureau près d'une fenêtre, si possible
[ ] Utilisez des huiles essentielles ou des diffuseurs pour des arômes relaxants

10. Personnalisez l'espace
[ ] Réduisez le nombre de produits anti-stress
[ ] Préparez tout votre matériel à l'avance
[ ] Communiquez avec vos collègues et trouvez des moyens de leur expliquer ce qui fonctionne pour vous

P comme Procrastination

Je ne vais pas y aller par quatre chemins. La *procrastination*, qui fait probablement déraper vos journées, est un ennemi sournois pour tout le monde. Mais, pour les personnes atteintes de TDAH, elle se transforme en un *véritable monstre à plusieurs têtes,* une hydre de Lerne capable de dévorer le temps, *l'énergie* et *l'estime de soi*. Lorsque je parle de procrastination, je ne fais pas seulement référence au fait de remettre à plus tard des tâches quotidiennes par paresse ou par désintérêt. Dans le contexte du TDAH, la procrastination revêt des nuances plus complexes, enracinées dans la *neurobiologie du trouble*.

Chez les patients souffrant d'un trouble déficitaire de l'attention avec hyperactivité, le cortex préfrontal, qui est responsable des fonctions exécutives (par exemple, la planification et l'organisation), a du mal à rester concentré sur l'objectif. *Résultat ?* Un tourbillon de pensées, d'idées et de distractions qui vous éloignent de plus en plus d'une action concrète et tangible.

La procrastination, chez les personnes atteintes de TDAH, se manifeste sous mille facettes. Certains se perdent dans d'interminables recherches préliminaires, convaincus qu'ils doivent recueillir davantage d'informations avant d'entreprendre une tâche. D'autres sont paralysés par l'immensité d'un projet, incapables de le décomposer en étapes plus faciles à gérer. Certains se lancent avec enthousiasme dans de nouvelles activités, mais laissent inachevés des dizaines et des *dizaines de projets commencés et abandonnés sur le champ*. Enfin, il y a ceux qui procrastinent constamment, convaincus qu'ils travaillent mieux sous pression, et qui se retrouvent en panique totale à la dernière minute.

Mais pourquoi la procrastination est-elle si insidieuse pour les personnes atteintes de TDAH ? La réponse réside dans le fonctionnement particulier du système de récompense du cerveau. Le cerveau du TDAH est avide de stimuli nouveaux et de gratification immédiate. Les tâches routinières, ou de longue haleine, ne lui procurent pas la décharge de dopamine dont il a besoin. Par conséquent, il a tendance à remettre à plus tard ce qui n'offre pas de récompense contingente, préférant les activités *stimulantes à court terme*.

En outre, la difficulté à gérer le temps, typique du TDAH, joue un rôle essentiel. L'avenir apparaît comme un concept *nébuleux et lointain*, ce qui fait qu'il est difficile de percevoir l'urgence d'une échéance jusqu'à ce qu'elle soit dramatiquement proche. C'est comme si le cerveau avec TDAH vivait dans un éternel présent, incapable de se projeter efficacement dans un avenir proche pour planifier et agir en conséquence.

Comme si cela ne suffisait pas, à un niveau plus large, la procrastination alimente un *cercle vicieux de faible estime de soi* et de *peur de l'échec*. De nombreuses personnes atteintes de TDAH ont derrière elles une longue série d'échecs et de critiques, qui les conduisent à *douter* de leurs propres capacités. La peur de ne pas être à la hauteur risque *de les paralyser* et les *pousse* à reporter des tâches afin d'éviter d'être confrontées à des échecs potentiels.

Marco, le narrateur de ce manuscrit, était un véritable maître dans l'art de la procrastination. Je me souviens d'une séance au cours de laquelle il m'a parlé d'un projet de travail important qu'il avait repoussé pendant des semaines. « Docteur, me dit-il avec un mélange de frustration et d'autodérision, j'ai passé trois jours à réorganiser ma bibliothèque par auteur, par genre et par couleur de couverture. J'ai même créé un système d'étiquetage digne de la bibliothèque d'Alexandrie. Tout cela pour ne pas commencer ce fichu rapport ».

Son histoire n'est pas inhabituelle. De nombreuses personnes atteintes de TDAH se retrouvent à *passer des heures sur des tâches marginales* ou non urgentes, dans une sorte de procrastination productive, qui leur donne

l'illusion de faire quelque chose d'utile, tout en évitant de s'atteler à la tâche vraiment importante.
Mais comment combattre cet ennemi aux innombrables visages ? La clé réside dans la compréhension des mécanismes qui l'alimentent et dans la mise en œuvre de stratégies ciblées.

Voici quelques techniques que j'ai trouvées particulièrement efficaces avec mes patients :

01. LA TECHNIQUE DES 5 MINUTES
Cette stratégie exploite le principe d'inertie. Bien souvent, le plus *difficile est de se mettre en route.* Vous vous promettez donc de ne consacrer que cinq minutes à une tâche. Une fois que vous avez commencé, vous êtes plus susceptible de continuer. Le cerveau TDAH, une fois engagé dans un projet, peut entrer dans un état d'hyperfocalisation et poursuivre la tâche bien au-delà des quelques instants initiaux. À l'inverse, si la tâche se révèle trop difficile, il est préférable de la mettre en veilleuse et de passer à la suivante, afin d'éviter le risque de s'enliser dans une activité trop ardue.

02. DÉCOMPOSER LES TÂCHES
En résumé, pourquoi ne pas décomposer un projet important et potentiellement paralysant en sous-tâches plus petites et plus faciles à gérer ? Cette technique permet de surmonter le sentiment d'impuissance que provoquent les tâches complexes. La création d'une liste détaillée de petites étapes rend le projet moins abstrait et plus commode à gérer. *Par exemple, au lieu de répondre à tous les courriels en attente, il est possible de penser à... Jeter un coup d'œil rapide à la boîte de réception, repérer les messages prioritaires, y répondre progressivement par ordre d'importance, etc.*

03. LA TECHNIQUE POMODORO
La technique de la tomate (*minuteur en forme de tomate, Pomodoro en italien*) consiste à travailler par sessions compactes de vingt-cinq minutes, suivies de courtes pauses de cinq minutes. Après quatre sessions, une pause plus longue de quinze à trente minutes est prévue. Cette méthode exploite la tendance du cerveau du TDAH à travailler au mieux par sprints courts et intenses, mais avec l'idée d'assurer en même temps une structure temporelle claire et des pauses régulières pour se ressourcer.

04. CRÉER UN COÛT DE L'INACTION

Essayez d'établir une conséquence matérielle au fait de ne pas accomplir une tâche. Par exemple, *engagez-vous à offrir un café à un collègue particulièrement ennuyeux*, si vous ne terminez pas la tâche dans les délais impartis. L'idée est d'exploiter techniquement *l'aversion*, à la lier à la *perte*, un puissant facteur de motivation pour le cerveau humain, afin de contrer la tendance à la procrastination.

05. TECHNIQUE DU SI-ALORS

Établissez des plans détaillés pour *faire face aux obstacles potentiels* en utilisant la formule « si X se produit, alors je ferai Y ». Par exemple : « Si je me sens dépassé par la tâche, je prendrai une pause de cinq minutes et je recommencerai à partir de la partie la plus facile ». Cette stratégie permet de se *préparer mentalement* aux difficultés, ce qui réduit l'anxiété et augmente la probabilité d'agir en cas d'obstacle.

06. PARTENAIRES DE RESPONSABILISATION

Il n'est pas toujours nécessaire de s'attaquer seul au TDAH. Il est également possible de rechercher un partenaire avec lequel vous pourrez partager régulièrement vos objectifs et vos progrès. Cette démarche a pour but de mettre en place un système de soutien externe. Le fait de savoir que quelqu'un d'autre suit vos progrès peut vous apporter la motivation supplémentaire nécessaire pour vaincre la procrastination. Vous pourriez organiser des rencontres régulières, au cours desquelles vous pourriez discuter de vos objectifs et planifier les prochaines étapes.

07. GAMIFICATION

Nous avons parfois besoin d'un peu de nouveauté pour raviver notre enthousiasme. Le concept de gamification repose précisément sur ce principe. Au lieu de vivre chaque tâche comme un fardeau, nous essayons de la décomposer en « niveaux », en « points d'expérience » ou en « récompenses à débloquer », sur le modèle d'un jeu vidéo. Cette stratégie permet de porter un nouveau regard sur les tâches et les responsabilités.

Alors, retroussez vos manches et transformez la productivité en RPG (*Role Play Game*). En accomplissant *une tâche donnée*, vous gagnez des points et vous débloquez des compétences imaginaires (mais sacrément amusantes) qui rendent chaque tâche de plus en plus stimulante. Pour un cerveau en quête de nouvelles données, ce système de récompense instantanée est un formidable moteur.

08. PLEINE CONSCIENCE ET MÉDITATION
Pratiquez les techniques de la pleine conscience pour apprendre à observer vos pensées, sans les juger. La pleine conscience, importée depuis l'Orient en Europe, favorise la reconnaissance des schémas de procrastination, dès leur apparition, afin de vous aider à les interrompre avant qu'ils ne prennent le dessus. La méditation, en particulier, renforce la capacité de concentration et réduit l'impulsivité.

09. TECHNIQUE DU PIRE SCÉNARIO
Les moments désespérés appellent des mesures désespérées. Visualisez et écrivez en détail le pire scénario possible, si vous ne parvenez pas à terminer une tâche donnée dans les temps. Cette technique permet d'affronter les peurs irrationnelles qui alimentent souvent la procrastination. Généralement, une fois couchées sur le papier, les *inquiétudes perdent de leur puissance*. Marco a découvert que son scénario catastrophe lié à l'absence de rédaction d'un rapport était bien moins catastrophique qu'il ne l'avait imaginé. Il a ainsi pu réduire l'anxiété qui le poussait à procrastiner de manière irrationnelle au jour le jour.

10. CRÉEZ UN ENVIRONNEMENT DE TRAVAIL OPTIMAL
Je vous conseille vivement d'organiser votre espace physique de façon à *minimiser les distractions et à maximiser la concentration*. Cela inclut l'utilisation d'un casque anti-bruit, l'élimination des notifications des appareils ou la création d'un poste de travail dédié. Pour Marco, l'idée derrière la grande révolution de la focalisation de l'attention a été de créer un c*oin de concentration* à la maison, avec un bureau bien rangé, une lampe à la lumière chaude et une minuterie visuelle. Cet espace est devenu un signal pour son cerveau. Lorsqu'il s'y assoit, c'est qu'il est temps de se donner à fond.

Le pouvoir de la technologie et comment l'utiliser à votre avantage

La technologie peut être une *bénédiction* ou une *calamité* pour les personnes présentant des symptômes de TDAH. D'une part, elle offre des possibilités infinies de distraction, telles *les notifications, les médias sociaux, les vidéos en ligne, les tweets, les shorts,* et bien d'autres choses encore. D'autre part, si elle est utilisée de manière stratégique, elle devient un allié puissant pour gérer les périodes de distraction et organiser la vie quotidienne.

Ces dernières années, de nombreuses applications, ainsi qu'une multitude d'outils numériques, ont vu le jour, spécialement conçues pour les personnes souffrant d'un trouble du déficit de l'attention avec ou sans hyperactivité. Ces logiciels exploitent les caractéristiques du TDAH, *à savoir le besoin de stimulation visuelle et de gratification immédiate,* pour créer des systèmes de gestion du temps et des activités de plus en plus efficaces.

Et parce que je crois fermement au potentiel de la technologie, voici un tour d'horizon des applications que vous pouvez tester vous-même pour mettre en place un système de gestion ad hoc.

Vous êtes prêt ?

01. Trello
Trello est une application d'*organisation de projets* basée sur un système de *tableaux visuels et de cartes.* Elle est parfaite pour les personnes souffrant de TDAH, car elle permet de visualiser les tâches de manière claire et intuitive. Vous pouvez créer des listes pour différentes catégories (par exemple, *À faire, En cours, Terminé*) et déplacer des cartes d'une liste à l'autre au fur et à mesure que vous progressez. La possibilité d'ajouter des couleurs, des étiquettes et des échéances le rendent très polyvalent.

02. RescueTime
RescueTime est une application qui surveille automatiquement la façon dont le sujet passe son temps à l'ordinateur ou sur son smartphone. Elle fournit des rapports détaillés sur les activités réalisées, en les classant par catégorie de productivité. Elle est utile pour prendre conscience du

nombre d'heures réellement consacrées au travail et du nombre d'heures consacrées aux distractions. Je considère qu'il s'agit d'un outil puissant pour identifier vos schémas de procrastination et améliorer votre gestion du temps.

03. Evernote

Evernote est une application de prise de notes numérique qui vous permet de capturer des idées, de créer des listes, de sauvegarder des pages web et bien plus encore. Elle est particulièrement utile pour les personnes souffrant de TDAH, car elle offre un système flexible d'organisation de l'information. Vous pouvez créer des carnets pour différents projets, ajouter des étiquettes pour faciliter la recherche et synchroniser les notes sur tous les appareils. La fonction de recherche facilite la recherche d'informations, même manuscrites ou contenues dans des images.

04. Focus@Will

Focus@Will est une application qui propose de la musique et des sons spécialement conçus pour améliorer la concentration. Elle s'appuie sur les neurosciences pour créer des listes de lecture qui stimulent la concentration sans distraire. Les utilisateurs peuvent choisir parmi différents genres et régler l'intensité en fonction de leurs préférences. Nombre de mes patients atteints de TDAH déclarent que cette application les aide à entrer plus facilement dans un état de fluidité lorsqu'ils travaillent.

05. Notion

Notion est une application polyvalente qui combine notes, base de données, tableau Kanban, wiki et plus encore en un seul outil. Sa flexibilité la rend idéale pour les personnes atteintes de TDAH qui ont besoin d'un système personnalisable pour organiser les informations et les projets. Vous pouvez créer des pages liées, insérer des rappels, générer des bases de données relationnelles et bien plus encore.

BONUS: *Focusmate*

Focusmate est une plateforme unique qui combine la gestion du temps et la responsabilité sociale. Les utilisateurs s'associent à des partenaires aléatoires pour des sessions de travail virtuelles de cinquante minutes. Au début de la session, chaque personne déclare ce sur quoi elle va travailler afin de créer un sentiment de responsabilité mutuelle. La combinaison d'une structure temporelle et d'une responsabilité externe s'avère souvent extrêmement efficace pour les personnes atteintes de TDAH qui ont du mal à travailler seules.

Permettez-moi de clarifier un point qui me tient particulièrement à cœur : l'efficacité des outils technologiques réside dans leur capacité à fournir une structure, un retour d'information immédiat et une gratification - *autant d'éléments dont le cerveau des personnes atteintes de TDAH a particulièrement besoin*. Cependant, il est important de se rappeler qu'aucune application n'offre une solution clé en main - permettez-moi de le dire. Le secret consiste à trouver la bonne combinaison d'outils à utiliser de manière cohérente et raisonnée.

Marco, par exemple, a trouvé particulièrement utile la combinaison de Trello pour la gestion de projets, de Forest pour lutter contre la procrastination et de RescueTime pour suivre sa productivité. « *C'est comme si j'avais un assistant numérique personnel* », m'a-t-il dit lors d'une session. « Trello m'aide à visualiser tout ce que je dois faire, Forest me motive à rester concentré et RescueTime me permet de garder les pieds sur terre en me montrant comment je passe réellement mon temps.
Il ne vous reste plus qu'à l'essayer !

Fiche d'activité - Créez votre propre routine anti-distraction et anti-procrastination

Chère Lectrice, Cher Lecteur, structurer une routine efficace fait vraiment la différence lorsque l'on souffre de TDAH. Un rituel bien planifié fournit un modèle externe dont le cerveau a besoin pour rester sur la bonne voie. Voyons donc ensemble comment créer une routine personnalisée qui va vous aider à lutter contre les distractions et la procrastination.

ÉTAPE 1 : ANALYSER VOTRE RYTHME NATUREL
Tout d'abord, observez votre rythme naturel durant une semaine.

Notez ceci
- À quelle heure vous sentez-vous le plus énergique et le plus concentré ?

- À quel moment vous sentez-vous le plus distrait ou fatigué ?
- À quels moments de la journée procrastinez-vous le plus ?

Utilisez cette grille pour suivre votre niveau d'énergie et de concentration toutes les heures.

Par exemple, cette grille vous permet de suivre votre niveau d'énergie et de concentration toutes les heures :

En exemple :

Heure	Lun	Mar	Mer	Jeu	Ven	Sam	Dim
06:00							
07:00							
08:00							
09:00							
10:00							
11:00							
12:00							
13:00							
14:00							
15:00							
16:00							
17:00							
18:00							
19:00							
20:00							
21:00							
22:00							
23:00							
24:00							

Utilisez un système d'évaluation de 1 à 5, où *1 correspond à un niveau très bas* et *5 à un niveau très élevé.*

ÉTAPE 2 : IDENTIFIEZ VOS ACTIVITÉS PRIORITAIRES

Dressez une liste des activités que vous devez effectuer régulièrement. Incluez ceci...
- Les tâches liées au travail ou aux études

- Les tâches ménagères
- Les soins personnels (par exemple, l'exercice, la méditation)
- Les passe-temps et le temps libre.

Attribuez ensuite pour chaque activité un niveau de priorité de 1 à 3, 1 étant *essentiel* et 3 étant *souhaitable, mais pas crucial*.

Activités - Priorités (1-3)
1.
2.
3.
...

ÉTAPE 3 : FAIRE CORRESPONDRE LES ACTIVITÉS AUX MOMENTS OPTIMAUX

À l'aide des informations recueillies aux étapes 1 et 2, commencez à structurer votre journée idéale.
Essayez de...

- Placer les activités les plus difficiles à des moments où vous avez le plus d'énergie et de concentration
- Regrouper les activités similaires
- Alterner les tâches exigeant de la concentration et les tâches plus légères

Créez un schéma comme celui-ci :
Heure | Activité | Note

6:00-7:00 | Réveil et routine matinale | Inclure dix minutes de méditation

7:00-8:00 | Petit-déjeuner et planification de la journée | Utiliser Trello pour organiser les tâches

8:00-10:00 | Travail/étude - concentration intense | Utilisez la technique Pomodoro (Vingt-cinq minutes de travail, cinq minutes de pause)

10:00-10:30 | Pause et mouvement | Petite marche ou étirements

10:30-12:30 | Travail/études - concentration modérée | Alternance de tâches exigeantes et plus légères

12:30-13:30 | Déjeuner et détente | Évitez les distractions numériques pendant le repas

13:30-15:30 | Travail/études - Concentration modérée | Utiliser de la musique de concentration (par ex. Brain.fm)

15:30-16:00 | Pause énergisante | Court exercice ou méditation guidée

16:00-18:00 | Travail/études - Dernières activités | Terminer les tâches en suspens, planifier le lendemain

18:00-19:00 | Loisirs / hobby | Activité relaxante ou créative

19:00-20:00 | Dîner et détente | Conversation avec la famille/les colocataires

20:00-21:30 | Loisirs/socialisation | Limiter l'utilisation des appareils électroniques

21:30-22:30 | Routine du soir et préparation au sommeil | Éteindre les écrans, lire un livre

ÉTAPE 4 : METTRE EN ŒUVRE DES STRATÉGIES ANTI-DISTRACTION

Pour chaque bloc d'activité, réfléchissez aux distractions potentielles et aux moyens de les éviter.

Quelques idées :

- Utilisez des applications comme Forest ou Freedom pour bloquer les distrayants sites Web et autres applications durant les périodes de travail.
- Portez des écouteurs à réduction de bruit.
- Informez vos collègues et votre famille de vos périodes de non-distraction.
- Gardez une bouteille d'eau et des en-cas sains à portée de main pour éviter les pauses inutiles.

- Utilisez un minuteur visuel pour garder la conscience du temps qui passe.

Créez une liste de contrôle pour votre **mode de concentration** :
[ ] Mettez les notifications du téléphone en sourdine
[ ] Verrouillage de l'application activé
[ ] Écouteurs branchés
[ ] Bouteille d'eau pleine
[ ] Liste des choses à faire visible
[ ] Minuterie réglée

ÉTAPE 5 : INCORPOREZ DES TECHNIQUES ANTI PROCRASTINATION

Choisissez des techniques de lutte contre la procrastination à intégrer dans votre routine et notez-les ici :

01. Technique des cinq minutes : je m'engage à commencer chaque tâche en y travaillant pendant cinq minutes seulement. Souvent, une fois que j'ai commencé, je continue naturellement au-delà des cinq minutes initiales.

02. Décomposition des tâches : pour les projets importants ou complexes, je décompose les tâches en sous-tâches plus petites et plus faciles à gérer. Je crée une liste de contrôle détaillée sur Trello, afin de visualiser clairement les progrès accomplis.

03. Récompenses : je vais mettre en place de petites récompenses pour l'accomplissement des tâches importantes. Par exemple, quinze minutes de pause pour lire mon livre préféré après avoir terminé un rapport.

04. Visualisation : avant de commencer une tâche difficile, je vais consacrer deux minutes à me voir réussir à la mener à bien. Je vais imaginer le sentiment de soulagement et de satisfaction qui envahit mon corps et mon esprit.

05. Partenaire de responsabilisation : je vais me mettre d'accord avec un collègue ou un ami pour faire des points réguliers sur nos objectifs respectifs. Nous échangerons des informations sur nos progrès tous les jours à 17 heures.

ÉTAPE 6 : CRÉER DES HABITUDES DE DÉBUT ET DE FIN DE JOURNÉE

Une routine matinale aide à se mettre dans le bon état d'esprit, tandis que celle du soir favorise le détachement du travail et prépare au repos.

Voici un exemple.
Rituel de début de journée :
01. Réveillez-vous à 6 h 30 avec une musique relaxante.
02. Dix minutes d'étirements ou de yoga léger
03. Douche revitalisante
04. Petit-déjeuner nutritif, tout en lisant un article intéressant
05. Cinq minutes de méditation guidée (je recommande l'application Headspace)
06. Révision des objectifs de la journée sur Trello
07. Régler la minuterie pour la première séance.

Rituel de fin de journée :
01. Examen des tâches accomplies et célébration des succès
02. Planification de la journée suivante sur Trello
03. Dix minutes de rangement du bureau/de l'espace de travail
04. Petite promenade à l'air frais pour se déconnecter
05. Douche relaxante
06. Vingt minutes de lecture d'un livre sans rapport avec le travail
07. Cinq minutes d'écriture dans un journal de gratitude
08. Régler le mode « ne pas déranger » sur tous les appareils.

ÉTAPE 7 : CONTRÔLE ET ADAPTATION

Maintenant que vous avez créé votre routine personnalisée, il est indispensable d'en suivre l'efficacité et d'y apporter des modifications, le cas échéant. Le cerveau du TDAH aime la nouveauté, il peut donc être utile de renouveler périodiquement certains éléments de la routine pour qu'elle reste stimulante.

Créez un *journal de routine* dans lequel vous noterez chaque jour...

- Ce qui a bien fonctionné
- Ce qui a été difficile
- Les moments où vous vous êtes senti le plus productif
- Les distractions récurrentes

- Les idées d'amélioration

À la fin de chaque semaine, prenez trente minutes pour consulter votre journal et réfléchir :

01. Quelles parties de la routine ont été les plus efficaces ?
02. Y a-t-il eu des moments récurrents de distraction ou de procrastination ?
03. La routine correspond-elle bien à votre rythme naturel ou faut-il faire quelques ajustements ?
04. Y a-t-il de nouvelles stratégies ou de nouveaux outils que vous aimeriez essayer ?

N'oubliez pas que la perfection n'est pas le but recherché. L'important est de créer une structure qui vous soutient et qui vous aide à tirer le meilleur parti de votre énergie. Et Marco le sait bien...

Au début, j'y croyais vraiment. J'avais planifié ma routine matinale avec une précision quasi chirurgicale. Méditation, exercice, petit-déjeuner super équilibré, examen des objectifs de la journée... le tout encadré dans une séquence parfaite, sans aucune marge d'erreur. Un chef-d'œuvre d'organisation. Dommage qu'en réalité, cela ne fonctionnait pas du tout.

Chaque matin commençait avec les meilleures intentions, et chaque matin se terminait avec exactement le même sentiment de frustration. Pourquoi ? Parce que je ne parvenais jamais à tout terminer comme prévu avant de commencer à travailler. Chaque retard, chaque contretemps, chaque petit écart par rapport au plan, me donnait l'impression d'avoir déjà échoué avant même d'avoir commencé la journée.

Le même sentiment que lorsque vous vous réveillez avec l'idée d'être hyper-productif, mais que vous perdez du temps au téléphone et que vous finissez par vous en vouloir.

À un moment donné, j'ai réalisé que ma routine n'était pas une alliée, mais une ennemie. Elle était devenue une liste d'obstacles à surmonter plutôt qu'un moyen de me mettre dans les meilleures conditions pour affronter la journée. J'ai donc décidé de supprimer le superflu et de me concentrer sur l'essentiel. Dix minutes de méditation (sans pression), un petit déjeuner rapide, mais décent et une révision rapide des objectifs. STOP.

Résultat ? Au lieu de commencer la journée en ayant l'impression d'être toujours en retard, j'ai commencé à me sentir... en contrôle. *Petit changement, grand impact.*

Et ce n'est pas le seul ajustement que j'ai dû faire. Pour prendre un exemple, après des semaines de lutte contre la baisse d'énergie de 15 heures, j'ai fini par accepter la réalité. Mon cerveau n'était pas programmé pour rester actif et concentré sans faire une pause décente à cette heure-là. Au lieu de lutter contre cette tendance avec des litres de café et de la colère refoulée, j'ai décidé de l'accepter. Désormais, à cette heure-là, je m'accorde une pause plus longue en marchant au grand air si le temps est clément, ou en faisant une sieste de vingt minutes si j'en ressens le besoin. *Je ne me culpabilise pas, je ne me force pas. Et voilà que le reste de l'après-midi devient beaucoup plus productif.*

Enfin, je ne peux pas ne pas mentionner la découverte la plus intéressante de toutes, à savoir ce que j'ai appelé mon *moment de savant fou*. Chaque jour, je consacre quinze minutes à une activité créative totalement déconnectée du travail. *Tout est permis*, qu'il s'agisse de dessiner, d'écrire une mini-histoire, de résoudre une énigme logique ou d'inventer des expériences scientifiques absurdes à réaliser avec ce que j'ai à la maison. *Pas de règles, pas d'objectif précis. Juste un moment de pur jeu mental.*

Pourquoi est-ce que je fais cela ? Parce que j'ai réalisé que mon esprit TDAH a besoin d'une *stimulation constante*, de quelque chose d'enthousiasmant, d'un petit espace d'exploration pour rester vivant et actif. Et ces quinze minutes sont devenues un rituel sacré.

En bref, j'ai compris qu'il ne s'agit pas nécessairement de construire une routine parfaite, mais bien d'établir ma *propre routine*. Une routine qui respecte mes *rythmes*, mes *limites* et mon besoin de *flexibilité*. Car, finalement, le véritable objectif n'est pas de tout faire parfaitement. C'est d'être capable de créer un système qui fonctionne pour moi, *et non contre moi*.

N'oubliez pas que votre routine idéale est un travail en cours. <u>N'ayez pas peur d'expérimenter, de faire des ajustements</u> et d'introduire des éléments de jeu ou de créativité. L'important est que le rituel vous soutienne et qu'il vous aide à tirer le meilleur parti de vos énergies uniques.

C'est maintenant à vous de jouer.

Je vous invite à vous mettre à l'épreuve. Prenez une feuille de papier ou bien, ouvrez un nouveau document sur votre appareil préféré. Commencez à élaborer votre routine personnalisée en suivant les étapes que nous avons mentionnées ensemble. N'oubliez pas de commencer par observer votre rythme naturel ainsi que vos priorités.

Ne vous inquiétez pas si la première version n'est pas parfaite. L'important est de commencer. Promettez-vous de suivre cette nouvelle routine pendant au moins une semaine et notez vos observations quotidiennement. À la fin du week-end qui suit, faites le point sur la situation et apportez les changements nécessaires.

N'oubliez pas que chaque petit pas dans la bonne direction est une réussite dont il faut se réjouir. Qu'il s'agisse d'avoir résisté à une distraction pendant cinq minutes supplémentaires ou d'avoir achevé une tâche que vous remettiez à plus tard depuis des jours, chaque progrès compte.

Êtes-vous prêt à vous lancer dans cette nouvelle aventure ? Votre cerveau TDAH est unique et merveilleux. Donnez-lui la structure dont il a besoin pour donner le meilleur de lui-même et vous surprendre par ses capacités. Le cheminement vers une gestion plus efficace de votre temps et de votre énergie commence dès maintenant. *Bonne chance !*

Chapitre 3 - TDAH et émotions - Comment prendre soin de votre bien-être mental

Alors, alors... Lorsque la doctoresse Laura m'a envoyé un courriel me demandant d'écrire mes réflexions sur la sphère émotionnelle d'une personne atteinte de TDAH, eh bien, je ne vous cache pas que j'ai paniqué. Effectivement, *les sentiments et la stabilité de l'humeur* sont deux sujets épineux pour ceux qui, comme moi, vivent avec un trouble du déficit de l'attention avec hyperactivité. C'est un peu comme si vous aviez en vous un volcan constamment sur le point d'entrer en éruption (et souvent, je l'admets, sans raison apparente...) Une montagne russe de sentiments qui fluctuent à une vitesse vertigineuse. *C'est ce que je vis tous les jours, au milieu des hauts et des bas de la vie.*

La frustration, en particulier, est mon plus fidèle compagnon de route. Je me souviens d'une fois où je m'étais obstiné à monter un meuble (au nom imprononçable) récemment acheté. Oui, je sais, la prémisse est suffisante pour présager un désastre. J'avais éparpillé les pièces sur le sol, persuadé qu'il me suffirait d'une heure pour terminer le travail. Trois heures plus tard, j'étais toujours là, entouré de vis éparpillées partout et paralysé par des instructions qui semblaient avoir été écrites en araméen antique. *Et ne croyez pas que je plaisante !*

C'est alors que j'ai senti la rage monter en moi, et en moins de cinq minutes, *je me suis transformé en autocuiseur*. Mes mains tremblaient et mon cœur s'emballait. À un moment donné, dans un accès de rage, j'ai pris mon marteau et j'ai frappé durement l'une des planches, ce qui a eu pour effet de la fendre en deux. Immédiatement après, la culpabilité est apparue, ainsi que la honte de ne pas avoir pu me contrôler. Je me suis retrouvé assis au milieu du chaos, les larmes aux yeux, à me demander pourquoi je n'étais pas capable de gérer quelque chose d'aussi simple sans en faire... *un drame shakespearien.*

Et il n'y a pas que la frustration qui soit en cause. *L'irritabilité est une autre vieille connaissance.* Il y a des jours où je vis sur les nerfs. J'ai l'impression que le moindre bruit, le moindre petit désagrément est multiplié par mille. Il y a quelques années, au supermarché, j'étais à deux doigts de gifler une dame qui n'arrêtait pas de pousser mon chariot sur le côté alors que j'étais (paisiblement) dans la file d'attente de la caisse. Je sais que son attitude n'avait probablement pas pour but de me *provoquer*, mais à ce moment-là, j'ai eu l'impression d'être face à un affront personnel, une provocation insupportable. J'ai dû faire un effort énorme pour ne pas lui *crier au visage ou dire quelque chose que j'aurais regretté un instant plus tard.*

L'élément de complexité réside dans le fait que mes réactions émotionnelles sont disproportionnées aux yeux des autres. Mes interlocuteurs ne *comprennent pas* pourquoi je m'énerve autant pour des mésaventures et des incidents mineurs qui leur paraissent insignifiants. Et qui peut les blâmer ? Parfois, je ne comprends pas moi-même. Mais mon cerveau est un a*mplificateur émotionnel perpétuellement réglé sur son volume maximum.*

L'anxiété est un autre compagnon fidèle. Je me souviens d'une fois, juste avant un entretien d'embauche, où je me suis retrouvé paralysé par la peur. J'étais assis dans ma voiture sur le parking de l'entreprise, incapable de bouger. Mon cœur battait si fort que j'ai craint, pendant un instant, qu'il n'explose hors de ma poitrine. Un millier de scénarios de catastrophes se bousculaient dans mon esprit. *Et si j'avais oublié mon C.V. ? Et si je vais bégayer ? Et si je vais me ridiculiser ?*
Je me suis retrouvé en hyperventilation, les paumes moites et la vue brouillée. J'ai dû appeler la doctoresse Laura pour une séance d'urgence au téléphone, avant de trouver le courage de sortir de ma voiture.

Mais les émotions négatives ne sont pas les seules à être amplifiées au maximum. La joie, l'enthousiasme et l'excitation atteignent également des niveaux proches de l'euphorie. Lorsqu'une activité me passionne, je m'y lance avec une énergie qui me surprend moi-même. Une fois, après avoir découvert un nouveau hobby - la *photographie* - j'ai passé trois jours et trois nuits presque sans dormir, complètement absorbé par l'étude des techniques, l'achat de matériel et la prise de centaines de photos. Le monde autour de moi avait cessé d'exister. Il ne restait plus que moi et ma nouvelle passion.

Le problème est que les pics d'enthousiasme sont souvent suivis de profonds moments d'apathie. Après ces soixante-douze heures de pleine énergie, je suis tombé dans un état de désintérêt total. L'appareil photo est resté dans un coin pendant des mois, chaque fois que je le regardais, *je ressentais un mélange de culpabilité et d'ennui.*

Apprendre à naviguer dans cette mer d'émotions a été - et reste - l'un des plus grands défis de ma vie. Il y a des jours où je me sens comme une feuille dans le vent, porté çà et là par mes humeurs. D'autres au cours desquels je parviens à trouver un équilibre et une sorte de calme au milieu de la tempête.

Une chose que j'ai apprise est l'importance d'accepter mes émotions, même les plus intenses ou (apparemment) les plus irrationnelles. Longtemps, j'ai essayé de les réprimer et de les cacher, convaincu qu'elles étaient erronées ou exagérées. Mais cette stratégie d'évitement ne faisait qu'accroître ma frustration et mon sentiment d'inadéquation. Aujourd'hui, j'essaie de les accueillir, de les observer sans jugement, comme si j'étais un spectateur extérieur. *Ce n'est pas facile, mais cela m'aide à ne pas me laisser submerger.*

J'ai aussi appris l'importance de communiquer mes états d'âme à mon entourage. Au début, j'avais honte. Je craignais d'être considéré comme instable ou exagéré. Mais j'ai découvert que le fait de s'ouvrir à mes proches pouvait être d'une grande aide.

Il va sans dire que parmi les nombreux outils qui se sont révélés être des alliés, je ne peux que mentionner le Mindfulness importé d'Orient. Envers cette pleine conscience, j'étais sceptique au début, car je pensais qu'il était impossible de méditer, pour un esprit aussi hyperactif que le mien. Mais grâce aux conseils de la doctoresse Laura, j'ai découvert que quelques minutes par jour de pleine conscience et de respiration pouvaient faire toute la différence. Aujourd'hui, lorsque je sens que les émotions sont sur le point de me submerger, j'essaie de m'arrêter un instant, de me concentrer sur ma respiration et de m'ancrer dans le moment présent, l'ici et maintenant. Je n'y parviens pas toujours, mais au moins, je parviens à créer un espace entre moi et mes émotions, un espace dans lequel <u>je peux choisir comment réagir, au lieu de me laisser emporter par le courant.</u>

L'activité physique est un autre allié précieux dans la gestion des émotions. La course à pied, en particulier, est devenue mon exutoire préféré. Il y a un côté profondément libérateur à sentir ses pieds battre l'asphalte, à respirer fort, à sentir son corps bouger. Il m'arrive souvent de partir courir la tête pleine de confusion et de rentrer chez moi avec une clarté que je n'aurais même pas cru possible. Le mouvement physique aide à *évacuer toute l'énergie émotionnelle accumulée, ce qui me rend plus léger et plus centré.*

C'est pourquoi je suis convaincu que les propos de la doctoresse Laura vous aideront à identifier vos *propres stratégies de bien-être émotionnel*. Pour réussir, vous devez prendre du recul et comprendre comment rééquilibrer les pics qui vous fatiguent et vous désorientent.
Poursuivons !

La régulation émotionnelle : qu'est-ce que c'est et comment la mettre en œuvre dans votre vie quotidienne ?

Commençons par le commencement. La régulation des émotions représente un sérieux handicap pour les personnes souffrant de TDAH. Les personnes atteintes de ce trouble connaissent un mélange intense, généralement ponctué de sautes d'humeur rapides, un phénomène connu sous le terme technique de *dysrégulation émotionnelle*. La caractéristique en question est profondément ancrée dans la neurobiologie du TDAH.

Comme nous l'avons mentionné, le cerveau des personnes souffrant d'un trouble déficitaire de l'attention avec hyperactivité présente des différences structurelles et fonctionnelles dans les zones impliquées dans le traitement standard des émotions.

Ces difficultés se manifestent de diverses manières. Les personnes souffrant d'un trouble du déficit de l'attention avec hyperactivité passent de la *joie* à la *frustration* (ou vice versa) en l'espace de quelques minutes. Elles réagissent parfois de manière *disproportionnée* à des questions insignifiantes, ou sont complètement apathiques face à des problèmes qui devraient normalement susciter une réaction forte et décisive. Les montagnes russes émotionnelles se révèlent épuisantes, tant pour les personnes qui les vivent que pour celles qui en subissent les conséquences (*parents, partenaires, collègues et amis, par exemple*).

La *gestion de l'impulsivité émotionnelle* est un aspect particulièrement difficile à gérer. Les personnes atteintes de TDAH agissent en fonction de leurs émotions immédiates, sans considérer les conséquences à long terme. Cela débouche sur une avalanche de décisions hâtives, de conflits *interpersonnels* ou de *comportements à risque*. Le sentiment de ne pas réussir à maîtriser ses réactions peut être la source d'une grande frustration et d'un sentiment intérieur *d'inadéquation*.

La dysrégulation, dans le cas du TDAH, s'accompagne souvent d'une sensibilité marquée au rejet et à la critique. De nombreux patients développent ce que nous appelons un *rejet sensible dysphorique*, c'est-à-dire une réaction intense à la perception du *rejet* ou de la *désapprobation d'autrui*. Cette hypersensibilité se manifeste très concrètement et douloureusement dans la vie quotidienne.

Marco, par exemple, m'a raconté un épisode désagréable survenu juste avant qu'il ne commence sa thérapie. Un collègue lui avait fait une remarque apparemment anodine sur son travail. Il lui avait dit : « Tu pourrais peut-être revérifier ces chiffres ». Pour la plupart des individus, il se serait agi d'une simple suggestion. Pour Marco, l'impression fut celle d'un coup de poignard dans la poitrine. Il passa le reste de la journée hanté par ce commentaire, convaincu que son collègue le considérait comme incompétent, redoutant même d'être licencié. La nuit, il n'arriva pas à dormir en repensant de manière obsessionnelle à toutes les fois où il avait commis des erreurs au travail.

Même les relations amoureuses sont particulièrement affectées par l'hypersensibilité des personnes concernées. Luca, un jeune patient atteint de TDAH, m'a raconté comment il avait rompu une relation prometteuse, car sa petite amie n'avait toujours pas répondu à son texto après plusieurs heures. Dans son univers émotionnel, ce silence s'était transformé en un signal clair de rejet. « Je pensais qu'elle s'était lassée de moi, qu'elle avait trouvé quelqu'un d'autre », a-t-il expliqué. « Je ne pouvais pas supporter l'idée d'être quitté, alors je l'ai quittée en premier. »

Les réactions susmentionnées s'étendent à une multitude de contextes sociaux. Sofia, une étudiante universitaire souffrant d'un trouble déficitaire de l'attention avec hyperactivité, m'a raconté comment elle avait cessé de participer à un cours (qu'elle aimait beaucoup) lorsque le professeur l'avait appelée pour répondre et qu'elle n'avait pas donné la bonne réponse. « Je me suis sentie tellement humiliée », m'a-t-elle confié. « J'étais convaincue que tout le monde me prenait pour une idiote. Je ne pouvais pas supporter l'idée de retourner dans cette salle de classe ». Un simple moment d'embarras a pris les proportions d'un obstacle insurmontable.

La question qui se pose alors est la suivante : comment sortir du circuit ?
La réponse est sans équivoque… La résilience.

La **résilience émotionnelle** est la capacité à s'adapter (et à se rétablir) face à l'adversité, au stress et aux changements déclenchés par le cycle de la vie. Plus important encore, la *résilience* dont je vais vous parler dans les pages qui suivent, est comme un muscle qui peut être entraîné et renforcé, au fil du temps. Les personnes *résilientes* ne sont pas à l'abri des difficultés émotionnelles, mais développent des stratégies efficaces pour y faire face et les surmonter.
Voici quelques éléments clés de la résilience émotionnelle...

01. Flexibilité cognitive : capacité à recadrer les situations selon différentes perspectives.
02. Acceptation : reconnaître ce qui ne peut être changé et se concentrer sur ce qui peut être contrôlé.
03. Optimisme réaliste : maintenir une perspective positive, tout en restant conscient des défis à relever.
04. Autorégulation : compétence à gérer ses émotions et ses impulsions.
05. Soutien social : établir et maintenir des relations solides.
06. Sentiment d'utilité : avoir des objectifs et des valeurs qui donnent un sens à la vie.

Pour les personnes atteintes de TDAH, le développement de la résilience émotionnelle peut être particulièrement bénéfique. Notre allié numéro un nous permet de mieux gérer les fluctuations de l'humeur, de réduire l'impact du rejet dysphorique sensible et d'améliorer notre capacité à faire face aux obstacles de la vie quotidienne.
Les stratégies visant à développer la résilience sont nombreuses et comprennent la pratique de la pleine conscience, la thérapie cognitivo-comportementale, l'exercice physique régulier et la culture *de passe-temps et de centres d'intérêt*. Rappelons que la compétence que je préconise dans le manuel que vous tenez entre les mains ne vous impose pas de ne jamais ressentir d'émotions négatives, mais vous permet de développer l'habileté à pouvoir les gérer de manière fonctionnelle et constructive.
La résilience émotionnelle n'est donc pas un objectif fixe, elle est un chemin de croissance et d'adaptation. Avec de la pratique et de la persévérance, il est possible de développer une compétence précieuse qui permet d'améliorer de manière significative la qualité de sa vie émotionnelle.
Alors...

CARTE D'ACTIVITÉ - La gymnastique (comportementale) de la résilience

Avez-vous déjà lacé vos chaussures de sport ?
Je vous souhaite la bienvenue à votre (première) séance d'entraînement visant à améliorer la résilience émotionnelle. Tout comme les muscles somatiques peuvent être testés et renforcés d'une répétition à l'autre, l'esprit humain a, lui aussi, tout ce qu'il faut pour « surmonter un coup de mou ».
Ce programme est conçu pour vous aider à développer et à renforcer votre résilience sur une période de quatre semaines.

SEMAINE 1 : CONSCIENCE ÉMOTIONNELLE
Jours 1 à 7 : tenez un journal de vos émotions

Chaque soir, remplissez ce tableau :

Jour	Émotion	Intensité (1-10)	Situation de déblocage	Réaction
1				
2				
3				
4				
5				
6				
7				

À la fin de la semaine, réfléchissez :

- Quelles émotions ont été les plus fréquentes ?

- Y a-t-il eu des schémas récurrents dans les situations de déclenchement ?
- Comment vos réactions ont-elles influencé l'intensité des émotions ?

SEMAINE 2 : RECADRAGE COGNITIF
Jour 8-14 : essayez de contrer les pensées négatives

Utilisez ce schéma pour chaque pensée négative qui vous vient à l'esprit:

01. SITUATION : _____
02. PENSÉE AUTOMATIQUE : _____
03. ÉMOTION RÉSULTANTE : _____
04. PREUVES À L'APPUI DE LA PENSÉE : _____
05. PREUVES CONTRE LA PENSÉE : _____
06. PENSÉE ALTERNATIVE ÉQUILIBRÉE : _____
07. NOUVELLE ÉMOTION : _____

À la fin de la semaine, créez une *banque de reformulations positives* contenant les pensées alternatives les plus utiles.
De cette façon, vous allez avoir, toujours à portée de main, des conseils utiles pour dire adieu aux nuances émotionnelles les plus difficiles à contrôler.

SEMAINE 3 : CONSTRUCTION DE RESSOURCES
Jour 15-21 : une carte de vos points forts

Créez une carte mentale avec les catégories suivantes

- SOUTIEN SOCIAL (AMIS, FAMILLE, PROFESSIONNELS)
- ACTIVITÉS DE DÉTENTE
- LOISIRS ET CENTRES D'INTÉRÊT
- POINTS FORTS PERSONNELS
- SUCCÈS PASSÉS
- VALEURS PRIORITAIRES

Chaque jour, ajoutez au moins un élément à chaque catégorie.

SEMAINE 4 : PLAN D'ACTION POUR LA RÉSILIENCE

Jour 22-28 : c'est le moment de personnaliser votre approche pro-résilience

Complétez le tableau ci-dessous :

Situation stressante	Signaux de stress	Stratégie d'adaptation	Ressource à activer

Par exemple :

Délai de travail	Tension musculaire	Respiration profonde	Appel à un ami
Conflit avec un collègue	Irritabilité	Pause de 5 minutes	Écouter de la musique
Erreur dans un projet	Irritabilité	Pause de 5 minutes	Écouter de la musique
Réunion importante	Anxiété anticipée	Visualisation	Pratiquer des affirmations positives
Critique d'un supérieur	Sentiment d'inadéqua-tion	Journal des émotions	Parler à un mentor

Continuez à ajouter des lignes jusqu'à ce que vous ayez rempli toutes les situations stressantes les plus courantes de votre vie.

Jours 29 et 30 : pourquoi ne pas garder une trace de vos progrès ? Un dernier bilan !

Passez en revue tout le travail que vous avez accompli au cours des quatre dernières semaines. Prenez ensuite un stylo et du papier et répondez aux questions suivantes :

01. Quelles nouvelles connaissances avez-vous acquises sur vos émotions et vos réactions ?
02. Quelles sont les stratégies qui se sont révélées les plus efficaces pour vous ?
03. Comment votre résilience s'est-elle améliorée ?
04. Quels sont les domaines qui nécessitent encore du travail ?
05. Comment pouvez-vous continuer à renforcer votre résilience émotionnelle, à long terme ?

BONUS : CRÉEZ UN « KIT URGENT DE RÉSILIENCE ».

Préparez un coffret de rangement ou un fichier numérique que vous garderez toujours sous la main et placez-y les éléments suivants...

- Une liste de cinq activités qui vous calment immédiatement
- Trois photos qui vous rappellent des moments heureux
- Une liste de chansons qui améliorent votre humeur
- Un objet qui symbolise votre force (par exemple, une pierre, un bracelet)
- Une lettre d'encouragement écrite à vous-même
- Les coordonnées de trois personnes que vous pouvez appeler en cas de besoin
- Un rappel de vos trois plus grandes réussites
- Une liste de dix choses pour lesquelles vous êtes reconnaissant.

Ralentissez, freinez !
Avant de hisser le drapeau blanc à la moindre difficulté, rappelez-vous que la *résilience est un muscle à part entière*. Et plus vous l'entraînez, plus elle devient forte et résistante, lorsque la vie semble vous mettre des bâtons dans les roues. Le programme ci-dessus n'a pas pour but de vous forcer à suivre un modèle de comportement rigide. Loin de là.
Il ne s'agit que d'un début. Essayez de mettre en pratique mes techniques préférées et d'en développer de nouvelles vous-même. Avec le temps et la pratique, vous constaterez une différence significative en termes de compétences interpersonnelles et de maturité.

Oups, c'est encore arrivé ! Stratégies de gestion de l'impulsivité

L'impulsivité dont il est tant question dans le macrocosme du TDAH est inextricablement liée à la *dysrégulation émotionnelle* typique des patients en thérapie. Lorsque les émotions sont intenses ou difficiles à gérer, il est très probable que le patient se comporte de manière impulsive et irrationnelle et qu'il ne tienne pas compte des *conséquences de ses actes*.

Il n'est pas non plus surprenant que, comme le montrent les histoires de Marco, la frustration soit une perception particulièrement problématique. Le cerveau d'un patient atteint de TDAH a tendance à avoir une tolérance faible, très faible, pour les obstacles qui le séparent d'une satisfaction temporaire, ce *qui entraîne une réaction considérée comme exagérée*. Il en résulte des crises soudaines ou des changements de cap brusques, qui conduisent à l'abandon de tâches difficiles.

L'impulsivité se manifeste de différentes manières, souvent sans rapport les unes avec les autres. Parmi celles-ci, il y a la tendance à...

- Interrompre les autres lorsqu'ils parlent
- Prendre des décisions hâtives sans réfléchir
- Faire des achats inutiles (impulsifs)
- Faire des commentaires inappropriés sans aucun filtre
- Changer constamment de plans ou de projets
- Adopter un comportement risqué

Toutes les dynamiques impulsives sont le résultat d'une capacité réduite d'inhibition comportementale. Le cerveau du TDAH a du mal à *mettre des freins* entre le stimulus et la réaction.

La combinaison d'une *forte réactivité émotionnelle + une faible inhibition comportementale* est précisément responsable des réactions problématiques. Un exemple ? Un individu atteint de TDAH peut réagir avec une colère excessive à une critique au travail, en lançant une série de jurons qu'il regrettera quelques minutes plus tard. À l'inverse, il peut abandonner un projet important dès la première difficulté, simplement parce qu'il est poussé par la frustration et le découragement du moment. Il est donc clair qu'une bonne gestion de l'impulsivité est cruciale pour améliorer la qualité de vie de tous les patients atteints de TDAH, sous toutes ses formes.

Personnellement, je recommande toujours dans ma pratique de...

- Prendre des pauses lorsque vous vous sentez émotionnellement débordé
- Utiliser des techniques de pleine conscience pour observer les émotions sans agir
- Créer des rituels ou des procédures à suivre avant de prendre des décisions importantes
- Fixer des règles claires pour les situations à risque (par exemple, des limites de dépenses).
- Pratiquer des techniques de relaxation pour réduire la réactivité émotionnelle.

Avec un peu de pratique et beaucoup, beaucoup de conscience, il est donc possible d'apprendre à mieux gérer l'intensité du rejet émotionnel lié au manque d'adaptabilité d'un cerveau atteint de TDAH. Cela vous permet de prendre le contrôle de vos actions et d'éviter plusieurs des conséquences négatives de l'impulsivité.

Pour vous aider dans cette démarche, je vous propose de faire les premiers pas dans la découverte de la méditation et de la respiration guidée.

La méditation guidée est un outil très, très puissant. Je vous suggère de ne pas la sous-estimer et de la pratiquer régulièrement, car ce n'est qu'ainsi que vous pourrez entraîner votre esprit à observer des émotions intenses sans vous laisser submerger.

Vous pouvez vous répéter à plaisir que, quoi qu'il en soit, la pleine conscience n'est qu'un des nombreux outils dont vous disposez. Les techniques de respiration, par exemple, sont encore plus simples et plus efficaces pour réguler les émotions et réduire l'impulsivité. Vous n'avez pas besoin de beaucoup de préparation mentale, il vous suffit de trouver un environnement calme et confortable, de préférence à l'abri des regards indiscrets. Alors, fermez les yeux et testez-vous sans tarder !

01. LA RESPIRATION 4-7-8

La technique numéro 1, mise au point par le Dr Andrew Weil, est connue pour son effet calmant sur le système nerveux.

Pratiquez-la comme suit :

- Expirez complètement par la bouche, en faisant un bruit de souffle.
- Fermez la bouche et inspirez silencieusement par le nez en comptant jusqu'à 4.
- Retenez votre souffle en comptant jusqu'à 7.

- Expirez complètement par la bouche en faisant le même bruit que précédemment et en comptant jusqu'à 8.
- Répétez le cycle pour un total de quatre respirations.

Des études et des recherches sur le pouvoir calmant de la respiration ont montré que la stratégie de Weil réduit l'anxiété et améliore le contrôle des impulsions en activant le système nerveux parasympathique, responsable de la relaxation.

02. LA RESPIRATION DIAPHRAGMATIQUE

Un grand classique qui mérite toujours d'être mentionné. Cette technique, également connue sous le nom de respiration abdominale, sollicite le diaphragme et réduit le stress et l'impulsivité.
Pratiquez-la de la manière suivante :

- Asseyez-vous confortablement ou allongez-vous sur le dos.
- Placez une main sur votre poitrine et l'autre sur votre abdomen.
- Inspirez lentement par le nez, en faisant gonfler votre abdomen. La main posée sur l'abdomen doit se soulever, tandis que la main posée sur la poitrine doit bouger à peine.
- Expirez progressivement par la bouche en contractant légèrement les muscles abdominaux.
- Continuez durant 5 à 10 minutes.

La respiration diaphragmatique a le (super)pouvoir de réduire le taux de cortisol (l'hormone du stress) dans l'organisme afin d'apporter un plus grand calme intérieur, notamment dans les situations de surstimulation.

03. LA RESPIRATION ALTERNÉE DES NARINES

La stratégie numéro 3, dérivée du yoga, aide à équilibrer l'activité cérébrale et à réduire l'impulsivité.
Vous pouvez la pratiquer de la manière suivante :

- Asseyez-vous confortablement, le dos droit.
- Fermez la narine droite avec le pouce droit et inspirez lentement par la narine gauche.
- Fermez la narine gauche avec l'annulaire droit, relâchez le pouce et expirez par la narine droite.
- Inspirez par la narine droite.
- Fermez la narine droite, relâchez l'annulaire et expirez par la narine gauche.

- Il s'agit d'un cycle complet. Continuez durant environ 5 à 10 répétitions, en fonction de votre niveau de concentration.

La respiration ci-dessus améliore l'activité du système nerveux autonome et permet un (re)centrage mental responsable de la concentration pendant des périodes prolongées.

04. LA RESPIRATION CARRÉE

Ma préférée : la respiration carrée ! Et il n'est pas nécessaire d'être un prodige de la géométrie pour profiter de ses bienfaits.
Pratiquez-la comme suit :

- Inspirez lentement par le nez en comptant jusqu'à 4.
- Retenez votre souffle en comptant jusqu'à 4.
- Expirez lentement par la bouche en comptant jusqu'à 4.
- Retenez votre souffle, les poumons vides, en comptant jusqu'à 4.
- Répétez le cycle durant au moins cinq minutes.

La respiration carrée ralentit le rythme cardiaque ct réduit le stress, ce qui se traduit par un meilleur contrôle mental et une bonne capacité à gérer les impulsions.

05. LA RESPIRATION DU LION

Une autre technique dérivée du yoga. Elle est particulièrement efficace pour relâcher les tensions accumulées au cours de la journée et pour gérer les émotions intenses, telles que la colère et la frustration.
Voici comment la pratiquer :

- Asseyez-vous sur les talons ou les jambes croisées.
- Placez vos mains sur vos genoux en écartant les doigts.
- Inspirez profondément par le nez.
- Ouvrez la bouche aussi grande que possible, tirez la langue vers le menton.
- Expirez avec force par la bouche, en émettant le son depuis votre gorge.
- Simultanément, ouvrez grand les yeux et fixez l'espace entre vos sourcils.
- Répétez l'exercice 3 à 5 fois.

Avec un peu d'entraînement, vous pourrez dire adieu aux tensions physiques et émotionnelles.

La bonne nouvelle ? Vous n'avez pas besoin de vous transformer en maître zen ni de recourir à des appareils complexes pour vous tester et maîtriser les tsunamis émotionnels qui menacent votre vie quotidienne. Cinq ou dix minutes par jour suffisent amplement.
Cela vaut la peine d'essayer, n'est-ce pas ?

Chapitre 4 - Relations, relations et encore relations ! Comment le TDAH affecte les relations interpersonnelles

15 mai 2021

Cher journal,
j'écris ces mots à un moment de grand stress. Aujourd'hui, en effet, a été une journée difficile. Je me suis retrouvé une fois de plus à réfléchir à la manière dont le TDAH affecte mes relations et plus particulièrement mes relations les plus intimes.

Je me trouvais dans le métro lorsque je me suis souvenu d'un épisode survenu il y a quelques mois, lorsque j'étais encore en couple avec mon ex. Nous allions dîner chez ses parents pour fêter leur anniversaire. Je sais, une partie de moi aurait dû être heureux d'avoir reçu l'invitation. Mais je me sentais étrange, distant. J'étais comme un poisson hors de l'eau. La conversation passait d'un sujet à l'autre et je n'en saisissais que quelques bribes confuses. J'étais constamment distrait, perdu dans mes pensées ou pris par un détail insignifiant, et je pense en particulier au tic-tac de l'horloge du salon.

À un moment donné, la mère de mon ex m'a posé une question sur mon travail. Je ne l'ai pas entendue. Je n'ai pas réagi à temps. Ma copine, assise à côté de moi, m'a donné un coup de coude pour me ramener à la réalité. Et moi, comme d'habitude, je me suis contenté de balbutier une réponse incohérente. À cet instant, je me suis senti complètement à côté de la plaque, vraiment.

La frustration est montée comme une vague. Pourquoi ne pouvais-je pas être normal dans les situations dans lesquelles il m'était demandé de faire bonne impression ? Pourquoi ne pouvais-je pas simplement assister à un dîner sans me sentir si mal à l'aise et « surstimulé » par un millier d'éléments différents ? La colère a pris le dessus. Et tandis que la mère de mon ex-petite amie continuait à me poser quelques questions pour me faire participer, je n'ai rien pu faire d'autre que de répondre d'une manière brutale teintée d'indignation. J'ai senti le regard blessé de ma copine et la confusion de ses parents. Mais il était trop tard. Je n'ai pas pu m'arrêter.

Finalement, j'ai explosé. J'ai crié la première chose qui m'est venue à l'esprit. Quelque chose du style : « JE N'AI PAS D'IDÉE ! JE ME SENS SURVEILLÉ, BON DIEU ! », et j'ai répété que je voulais juste partir.

Je suis sorti en claquant la porte et j'imagine que les parents de mon ex sont restés stupéfaits pendant une bonne demi-heure. Bien sûr, elle a essayé de leur expliquer et m'a rejoint peu après, en larmes. Elle ne comprenait pas ce qui s'était passé et ne comprenait pas pourquoi j'avais agi de la sorte. *Bonne question... Je ne le savais pas non plus !*

À ce moment-là, il m'a été impossible de lui expliquer ce que je ressentais. Je ne trouvais pas les mots pour décrire le mélange d'émotions que j'éprouvais, le sentiment constant d'être indésirable et de ne pas pouvoir entrer en contact avec les autres. Mon incapacité à communiquer n'a fait qu'empirer les choses. Mon amie s'est sentie rejetée et incomprise, et je ne la blâme certainement pas pour son interprétation des faits. *Cette soirée a marqué le début de la fin de notre relation.* Car si un sentiment nous unissait encore, le manque de confiance et mon inexpérience en matière de TDAH nous ont été fatals.

Des mois plus tard, j'y vois plus clair. J'ai une meilleure connaissance de moi-même. Je réalise que mon comportement était le résultat d'années de lutte silencieuse contre le TDAH. J'en avais assez des sentiments d'inadéquation qui s'étaient accumulés au fil du temps. Ce n'était pas la faute de mon ex ni de ses parents, si je me sentais ainsi. C'était mon cerveau qui fonctionnait différemment et qui luttait pour faire face tant aux stimuli sociaux qu'aux attentes des autres.

Aujourd'hui, quelque temps plus tard, j'aimerais pouvoir revenir en arrière et lui expliquer ce que je ressentais derrière le masque de colère et d'inadéquation qui a conduit à notre éloignement.

J'aimerais lui faire comprendre qu'elle n'était pas le problème, mais que je me sentais parfois dépassé par le monde extérieur. Je voudrais lui dire que je ne l'ai jamais tenue pour responsable de mon impatience et de ma souffrance. Le monde extérieur n'est tout simplement pas envisageable pour un individu comme moi.

Chère Lectrice, Cher Lecteur,
J'ai décidé de partager avec vous la page de mon journal, car je pense qu'elle peut vous aider à comprendre ce que cela signifie de vivre avec un TDAH, en particulier lorsqu'il s'agit de naviguer dans la mer magnum *des relations interpersonnelles.*
Vous voyez, le trouble déficitaire de l'attention avec hyperactivité n'est pas qu'une question de distraction ou d'impulsivité, comme nous l'avons mentionné dans les pages précédentes. Il s'agit plutôt d'une manière différente de percevoir et d'interagir avec le monde qui nous entoure. Et parfois, je ne veux surtout pas le nier, l'incapacité à s'adapter rend les relations *incroyablement compliquées.*
Lorsque je lis les mots *de mon moi du passé,* je revis les émotions intenses de cette soirée (la frustration, la colère, le sentiment d'inadéquation). Mais je vois aussi le chemin parcouru depuis. Aujourd'hui, je sais reconnaître les signaux de mon corps lorsqu'une situation sociale devient trop difficile à gérer et à maîtriser. Je suis capable de demander une pause et de m'éloigner quelques minutes pour retrouver mon calme. J'ai appris à communiquer à mes proches ce que signifie pour moi le fait de vivre avec un TDAH et je n'ai pas honte d'expliquer que je me sens parfois submergé par les stimuli extérieurs. Souvent, j'ai encore le temps de me perdre dans mes pensées.
Ce n'est pas facile, non. Et je vous mentirais si je vous disais que la thérapie a suffi à me sortir de l'impasse, dans la mesure où ce n'est pas toujours le cas. Il m'arrive encore de me sentir incompris, d'avoir du mal à suivre le fil d'une conversation ou à maintenir mon attention sur la personne qui me parle. Mais aujourd'hui, j'ai des stratégies concrètes pour gérer les situations qui se présentent à moi. Et surtout, j'ai appris à m'accepter tel que je suis, avec toutes mes particularités.
Le TDAH fait partie de moi, mais il ne me définit pas complètement. Petit à petit, j'ai également appris à reconnaître les aspects positifs de mon fonctionnement. *La créativité, l'enthousiasme, la capacité à sortir des sentiers battus.* Dans mes relations, j'essaie de tirer parti de mon caractère

unique pour **A)** ne pas me sentir perdu et **B)** rendre la communication plus *authentique et plus honnête*.

Je sais que le voyage n'est pas terminé. Chaque jour est un nouveau défi. J'ai devant moi d'innombrables occasions d'apprendre et de grandir. Mais je ne suis plus seul dans cette aventure. J'ai trouvé des gens qui me comprennent, qui acceptent ma façon d'être et qui me soutiennent dans les moments les plus difficiles.

À vous qui lisez ceci, je souhaite vous dire... Au cas où vous vous reconnaîtriez dans mes mots, si vous aussi, vous luttez chaque jour contre le TDAH dans vos relations, sachez que vous n'êtes pas seul(e). Il y a de l'espoir, des outils et des stratégies qui peuvent vous aider. N'abandonnez jamais.

Et maintenant, je passe la parole à la doctoresse Laura, qui pourra vous offrir une perspective professionnelle et plus concrète sur la gestion des relations du point de vue du trouble. *Bonne lecture !*

TDAH et relations

Eh bien, eh bien...

Les mots de Marco dépeignent de manière saisissante la façon dont le TDAH peut affecter intimement les relations interpersonnelles.

En tant que psychologue spécialisée dans le traitement du TDAH, j'ai vu de nombreux patients se débattre *avec des défis similaires* à ceux décrits dans les pages précédentes. Et - hélas - malgré moi, il ne m'a pas encore été possible de concevoir une stratégie de prise en charge sans ambiguïté.

Il est évident que le trouble déficitaire de l'attention avec hyperactivité affecte les relations interpersonnelles (*qu'elles soient amoureuses, familiales ou amicales*) d'une manière qui n'est souvent pas immédiatement apparente pour ceux qui ne vivent pas avec les symptômes depuis leur plus jeune âge.

Dans les relations de couple, le TDAH est donc le déclencheur d'une dynamique très particulière, qui mérite d'être étudiée en profondeur. En effet, la personne atteinte a tendance à se montrer distraite, émotionnellement peu présente ou inconstante dans l'attention qu'elle porte à son partenaire. Et, comme tout naturellement, la *froideur du partenaire neurotypique* conduit l'autre partie à se sentir négligée ou mal aimée, même si ce n'est pas du tout le cas. J'ai vu des couples dans lesquels le partenaire atteint de TDAH ne pouvait échapper à la *malédiction* d'oublier des anniversaires, des rendez-vous importants ou des promesses faites, non pas par manque d'amour ni d'intérêt, mais simplement parce que son cerveau traite et stocke l'information différemment.

Dans les relations familiales, le trouble du déficit de l'attention avec hyperactivité risque donc de déclencher une longue série de malentendus et d'interprétations erronées similaires. Les parents atteints de TDAH luttent pour maintenir la routine et la structure dont les enfants ont besoin. En même temps, ils sont toujours pris entre la distraction et l'oubli des engagements scolaires, des rendez-vous chez le médecin ou des promesses faites à leurs enfants. À long terme, cette situation alimente les sentiments de culpabilité et d'inadéquation chez le parent, et la frustration ou le ressentiment chez l'enfant.
En revanche, lorsque c'est l'enfant qui souffre de TDAH, les parents ne manquent pas de se sentir incompris et dépassés.

CARTE D'ACTIVITÉ - Découvrez votre type de communication
Chère Lectrice, Cher Lecteur,
le moment est venu de vous aider à faire la lumière sur votre mode de *communication* (probablement) influencé par le TDAH. Pour y parvenir, je ne souhaite pas m'attarder sur des explications complexes ou difficiles à assimiler. Je vous propose plutôt l'*exercice pratique* suivant. Prenez quelques minutes pour répondre honnêtement aux questions ci-dessous et découvrez quel *profil de communication* vous représente le mieux.
Vous êtes prêt ?
Commençons !

PARTIE 1 : L'AUTO-ÉVALUATION
Pour chaque affirmation, attribuez une note de 1 à 5 :

1 = Jamais vrai pour moi
2 = Rarement vrai
3 = Parfois vrai
4 = Souvent vrai
5 = Toujours vrai

01. J'ai tendance à interrompre les autres pendant qu'ils parlent
02. Je suis facilement distrait(e) pendant les conversations
03. Je parle vite et je saute d'un sujet à l'autre
04. J'ai du mal à me souvenir de ce qui m'a été dit
05. J'exprime mes pensées de manière désordonnée
06. J'ai des difficultés à maintenir le contact visuel
07. Je fais beaucoup de gestes en parlant
08. J'ai tendance à parler excessivement de sujets qui me passionnent
09. J'ai du mal à attendre mon tour dans les conversations
10. Je me perds dans les détails et j'ai du mal à aller à l'essentiel
11. J'ai tendance à dire des choses inappropriées sans réfléchir
12. J'ai des difficultés à percevoir les signaux non verbaux des autres
13. Je m'ennuie facilement dans les conversations qui sont lentes ou monotones.
14. J'ai tendance à finir les phrases des autres
15. J'ai des difficultés à suivre des instructions verbales complexes

PARTIE 2 : CALCUL DU SCORE
Munissez-vous d'un papier et d'un crayon et calculez les scores de toutes les questions. Le total va vous permettre de découvrir votre profil *prédominant* en matière de communication.

Attention : la fiche d'activité n'a pas de valeur scientifique univoque. Elle ne vise pas non plus à médicaliser ou à diagnostiquer votre dynamique d'interaction avec les autres. Il s'agit plus simplement d'une piste de réflexion pour mieux vous connaître et, peut-être, améliorer les points critiques qui compliquent vos échanges entre interlocuteurs.

15-30 points : COMMUNICATEUR RÉFLÉCHI
31-45 points : COMMUNICATEUR VARIABLE
46-60 points : COMMUNICATEUR IMPULSIF
61-75 points : COMMUNICATEUR HYPERACTIF

PARTIE 3 : PROFILS DE COMMUNICATION
Êtes-vous un communicateur réfléchi ? (15-30 points)

Vous avez probablement tendance à être plus introverti que la moyenne et à traiter les informations après un long travail intérieur avant de vous exprimer. Vu de l'extérieur, vous semblez distrait ou désintéressé. En réalité, vous ne faites qu'analyser attentivement ce que vous disent vos interlocuteurs, ce qui, je le répète, n'est pas une mauvaise chose !

Votre force réside dans votre capacité d'écoute et de réflexion, mais vous pourriez bénéficier de techniques pour rester plus présent dans les conversations et limiter l'impression d'avoir perpétuellement la « tête dans les nuages ».

Êtes-vous un communicateur variable ? (31-45 points)
Dans ce cas, votre style de communication oscille entre des pics d'introspection et des moments de pure expressivité. D'une part, vous vous montrez un excellent auditeur en présence de *sujets* qui vous intéressent et, d'autre part, il y a des moments où vous avez tendance à dominer la conversation de manière (très) peu pertinente. Votre force est la flexibilité, oui, mais vous pourriez utiliser certaines techniques pour maintenir un équilibre plus constant.

Êtes-vous un communicateur impulsif ? (46-60 points) :
Pas de panique. Certes, vous avez généralement tendance à réagir et à répondre rapidement, souvent sans même filtrer le tourbillon de pensées qui vous envahit. Votre spontanéité est sans aucun doute engageante, mais vous risquez parfois d'interrompre les autres ou de faire des commentaires inappropriés, ce qui vous donne l'impression d'être « stupide » ou de ne pas être à votre place. Votre force réside dans votre authenticité, mais vous pourriez développer quelques stratégies pour ralentir et réfléchir avant de laisser libre cours à votre chaîne d'idées.

Vous êtes un communicateur hyperactif (61-75 points) :
Votre style se caractérise par une énergie intense et un flux rapide de pensées. Vous avez tendance à parler vite, à gesticuler avec vos mains et à sauter d'un sujet à l'autre. Votre enthousiasme vous permet d'acquérir de véritables qualités et compétences de leader, mais attention à ne pas en faire trop. Vous risquez d'écraser les autres. Votre point fort ? La créativité ! Pourtant, les techniques ne manquent pas pour mieux concentrer et structurer votre pensée.

PARTIE 4 : RÉFLEXION PERSONNELLE
À présent que vous avez identifié votre profil de communication

prédominant, prenez le temps de réfléchir aux implications de votre ébauche :

01. Comment votre style de communication influence-t-il vos relations personnelles et professionnelles ?
02. Quels sont les avantages de votre style de communication ? Comment pouvez-vous en tirer le meilleur parti ?
03. Quels sont les principaux défis que vous rencontrez en raison de votre style de communication ?
04. Pensez à une situation récente dans laquelle la communication a été difficile. Comment votre style de communication a-t-il influencé cette situation ?
05. Quelles stratégies pourriez-vous adopter pour améliorer votre communication, compte tenu de votre profil ?

PARTIE 5 : PLAN D'ACTION

Vous l'aurez compris, la thérapie pour atténuer les symptômes du TDAH repose principalement sur des stratégies pratiques. Il est donc temps de clarifier vos idées et d'élaborer un plan d'action pour améliorer votre communication.

Choisissez trois stratégies spécifiques à mettre en œuvre, au cours des prochaines semaines, et réservez-vous au moins trente minutes par jour pour modifier progressivement votre façon de parler en face-à-face avec vos interlocuteurs. Vous pouvez commencer par des amis et des membres de votre famille qui sont conscients de vos difficultés. Peu à peu, vous allez prendre davantage conscience de vous-même et être en mesure d'étendre ces progrès à votre lieu de travail ou à vos relations amoureuses.

Et n'oubliez pas qu'il n'existe pas de style de communication *parfait*.

PARTIE 6 : STRATÉGIES DE COMMUNICATION EFFICACES

Dans le but d'améliorer encore davantage votre communication, j'ai dressé une liste de phrases alternatives que vous pouvez utiliser dans les situations les plus diverses de votre vie de tous les jours. Considérez-les comme un vade-mecum que vous pouvez utiliser dans les moments où l'impulsivité trouble votre esprit et pour lesquels vous avez tendance à dire à haute voix la première pensée qui vous traverse l'esprit.

Essayez donc de remplacer les expressions de la colonne « *Au lieu de dire* » par celles de la colonne « *Essayer de dire* ».

Post scriptum : vous pouvez également envisager de noter les résultats de votre pratique quotidienne dans un carnet ou sur une application pour smartphone.

Au lieu de dire | Essayer de dire :

🔸 ***Je m'en fiche*** → *J'ai du mal à tout assimiler en ce moment. Puis-je répondre plus lucidement dans quelque temps ?*

🔸 ***Vous m'avez mis en colère*** → *Lorsque X s'est produit, j'ai ressenti de la frustration parce que je me suis senti exclu/ dégradé/ confus. Pouvons-nous déterminer ensemble ce qui n'a pas fonctionné ?*

🔸 ***Vous êtes toujours en retard*** → *J'ai du mal à respecter un horaire ces derniers temps. Y a-t-il quelque chose que nous pourrions faire conjointement pour rendre les choses plus faciles pour nous deux ?*

🔸 ***Vous ne comprenez jamais ce que je dis*** → *Peut-être que je ne me suis pas expliqué de la bonne manière. Puis-je essayer de le dire autrement ?*

🔸 ***Laissez-moi tranquille*** → *Pour l'instant, j'ai besoin d'un peu d'espace pour me ressourcer. Voulez-vous que nous en reparlions plus tard ?*

🔸 ***Vous n'écoutez jamais*** → *Quand je parle de X, j'aimerais entendre votre point de vue, mais j'ai parfois l'impression qu'on ne m'écoute pas. Y a-t-il un meilleur moment pour en discuter ?*

🔸 ***Vous faites toujours tout de travers*** → *Je me suis rendu compte qu'il y avait des erreurs. Voulez-vous que nous les réexaminions ensemble pour trouver une solution ?*

🔸 ***Vous n'êtes jamais d'accord avec moi*** → *J'ai l'impression que nous voyons les choses différemment. Pouvez-vous m'aider à mieux comprendre votre point de vue ?*

● ***Arrêtez de m'interrompre*** → *J'apprécie que vous vouliez participer à la conversation, mais je dois terminer ce que je dis avant d'entendre votre opinion. Pouvez-vous attendre une seconde ?*

● ***Vous n'avez jamais de temps pour moi*** → *les moments que nous passons ensemble me manquent. Voulez-vous organiser quelque chose juste pour nous deux ?*

● ***Vous êtes trop sensible*** → *Je vois que ce sujet vous touche beaucoup. J'aimerais mieux comprendre ce qu'il représente pour vous.*

● ***Vous avez besoin de vous calmer*** → *Je sens que cette situation vous stresse. Y a-t-il quelque chose que je puisse faire pour vous faciliter la tâche ?*

● ***Vous n'avez rien fait de ce que je vous ai demandé*** → *Je me suis aperçu que certaines choses n'ont pas été faites. Y a-t-il eu un problème ou peut-on se donner un coup de main ?*

● ***Vous ne m'écoutez jamais quand je parle*** → *J'aimerais me sentir plus proche de vous pendant nos conversations. Pouvons-nous trouver un moment sans distraction pour parler ?*

● ***Vous êtes toujours si négatif*** → *J'ai l'impression que beaucoup de choses vous pèsent ces derniers temps. Voulez-vous en parler ?*

Maintenant, j'aimerais souligner que toute stratégie de communication nécessite de la *pratique et de la patience* avant d'être mise en œuvre avec succès. Ne vous découragez pas si vous vous heurtez à un mur de difficultés et d'insécurités, car le changement *prend du temps*. L'important est d'être conscient de votre style de communication et de faire de petits pas, étape par étape, vers un dialogue empathique et plus efficace.

Et ne sous-estimez pas la règle d'or de la communication selon laquelle celle-ci est un *processus à double sens*. Tout en vous efforçant d'améliorer votre façon de vous exprimer, essayez également de devenir un *auditeur* plus *attentif* et plus conscient. Prêtez attention aux mots des autres, mais aussi à leur langage corporel et au ton de leur voix.

Un exercice très utile à cet égard consiste à appliquer la pleine conscience à la dynamique du dialogue entre deux interlocuteurs. Avant d'ouvrir la bouche pour exprimer vos pensées, respirez profondément et interrogez-vous :

01. Qu'est-ce que je veux vraiment communiquer ?
02. Comment l'autre personne pourrait-elle se sentir en écoutant mes paroles ?
03. Existe-t-il une manière plus claire ou plus aimable d'exprimer ce concept ?

Avec le temps et la pratique, vous remarquerez que vos interactions deviendront progressivement plus fluides et plus satisfaisantes. Votre entourage appréciera vos efforts pour maîtriser un tourbillon de pensées souvent difficiles à organiser et vous soutiendra certainement dans ce processus d'adaptation et de maturation.

Enfin, n'oubliez pas que le TDAH peut affecter la manière dont vous percevez et traitez les informations au cours d'une conversation.

Ceci peut vous être utile...

- Prendre des notes lors de conversations importantes
- Faire des pauses régulières pendant les longues conversations pour recharger votre attention
- Utiliser des aides visuelles (telles que des diagrammes ou des cartes mentales) aux fins d'organisation de vos pensées.

Et n'oubliez pas, dulcis in fundo, d'être *gentil* avec vous-même. La communication est une *compétence complexe* et en constante évolution (que vous ayez ou non un esprit TDAH). Célébrez les petits succès et *ne soyez pas trop critique* si parfois, vous faites quelques faux pas. Chaque interaction est une occasion d'apprendre et de progresser.

J'aime conclure ce module avec les mots de George Bernard Shaw : « *Le plus grand problème de la communication est l'illusion qu'elle a eue lieu. Avec de la conscience et de la pratique, vous disposerez de tous les outils nécessaires pour transformer l'illusion du dialogue en une réalité (et un réseau) de connexions authentiques et significatives.* »

Chapitre 5 - Médicaments et traitements

Commençons par le commencement.
Le traitement médicamenteux pour atténuer les symptômes du TDAH est un sujet complexe et parfois controversé (souvent même, selon les professionnels de la santé). C'est précisément pour cette raison qu'il faut l'aborder avec clarté et objectivité. En tant que psychologue spécialisée dans le traitement du TDAH, j'estime qu'il est *fon-de-men-tal* de fournir des informations précises et fondées sur des recherches et des études sur le sujet. Il n'y a rien de plus répréhensible que la banalisation (courante) de la thérapie médicamenteuse, qui n'est férquemment *dénigrée que par des ouï-dire.*
Les médicaments les plus couramment prescrits pour le TDAH appartiennent à deux catégories principales : **les stimulants et les non-stimulants.**
Les premiers, comme le méthylphénidate (Ritaline, Concerta) et les amphétamines (Adderall, Vyvanse), sont considérés comme le traitement de première intention. En effet, ils agissent très puissamment en augmentant les niveaux de dopamine et de noradrénaline dans le cerveau pour améliorer l'attention, la concentration et atténuer l'hyperactivité. L'efficacité des stimulants est bien documentée. Les études montrent des améliorations significatives chez environ 70 à 80 % des patients.
Des médicaments non stimulants, tels que l'atomoxétine (Strattera) et la guanfacine (Intuniv), sont également utilisés comme alternative, lorsque le méthylphénidate est rejeté par le sujet (par exemple, en présence d'effets secondaires qui risquent de réduire considérablement la qualité de vie du patient). Contrairement aux premiers, ils agissent différemment et mettent plus de temps à apporter des améliorations concrètes. Parallèlement à cela, la littérature scientifique suggère qu'ils sont généralement bien tolérés.

Il convient de rappeler que les médicaments contre le TDAH ne constituent pas un remède et qu'ils n'agissent pas de la même manière pour tout le monde. La réponse au traitement varie d'une personne à l'autre. De plus, les principes actifs libèrent tout leur potentiel lorsqu'ils sont associés à des interventions psycho-éducatives et comportementales.

Sans conteste, les effets secondaires sont une préoccupation courante, en particulier dans les traitements multimodaux administrés aux enfants et aux adolescents.
Les stimulants *peuvent entraîner* un manque d'appétit, des troubles du sommeil, de l'irritabilité et, dans de rares cas, des problèmes cardiovasculaires. Les non-stimulants peuvent provoquer des nausées, de la fatigue et des changements d'humeur importants. Par conséquent, la stratégie de dosage recommandée doit être suivie de près par un médecin, qui permettra de modifier le principe actif ou de réduire les posologies en fonction des besoins individuels.
Un second point critique qu'il convient d'aborder ici concerne le *potentiel d'abus des stimulants*. Bien qu'il ne soit pas possible de réduire le risque à zéro, des études à long terme sur des patients atteints de TDAH ont montré que l'utilisation appropriée de médicaments n'augmente pas <u>les risques de développer un certain degré de dépendance</u>. Au contraire, le traitement pharmacologique du TDAH réduit le *risque d'abus de substances dans le futur,* malheureusement très fréquent chez les adolescents qui ne sont pas traités rapidement.
La décision d'entreprendre un traitement médicamenteux du TDAH doit donc être prise après une évaluation minutieuse des avantages et des inconvénients tout en tenant compte de la sévérité des symptômes, de l'impact sur la qualité de vie et de la présence d'éventuelles contre-indications/conditions somatiques affectant le patient. Il s'agit d'un processus qui nécessite une coopération étroite entre le sujet, sa famille et l'équipe médicale sur laquelle on s'appuie.
Malgré les critiques virulentes dont ils font l'objet de toutes parts, les médicaments sont un outil important pour gérer les symptômes et les améliorer de manière significative. Bien entendu, loin de moi l'idée de prétendre qu'ils sont la seule solution possible. Une *approche multimodale*, combinant médicaments, thérapie comportementale, stratégies d'organisation et soutien éducatif, offre souvent les meilleurs résultats en termes de normalisation et d'équilibre.

Prenons un exemple concret pour dissiper les doutes.

Dans le cas de Marco, nous avons travaillé longtemps pour trouver le bon équilibre entre les différents éléments de la thérapie standard. Mon patient était réticent à prendre des médicaments. Il craignait de perdre sa créativité et sa spontanéité qui le caractérisaient (également) au travail. Nous avons commencé par un dosage très faible de méthylphénidate et nous en avons suivi les effets avec beaucoup d'attention. Marco a constaté quelques améliorations en termes de concentration et d'attention sur de longues périodes, mais il a de plus ressenti un certain nombre d'effets secondaires gênants (tels que l'insomnie et la perte d'appétit). Bien qu'il ait déjà pris la même substance active par le passé, sur les conseils de son médecin de famille, son expérience n'a pas été similaire.

Pour affiner l'approche, nous avons ajusté les doses et les heures de prise au cours de la journée, et intégré le traitement médicamenteux à des techniques de pleine conscience et à des stratégies d'organisation spécialement conçues pour lui. Marco a appris à reconnaître les moments où le médicament était le plus nécessaire (par exemple, lors de réunions importantes ou à l'approche d'échéances professionnelles) et ceux où il pouvait compter sur des stratagèmes plus organiques et naturels.

Après quelques semaines, il a développé une relation plus équilibrée avec le méthylphénidate. Il s'est rendu compte que ce médicament n'était pas comparable à une *pilule magique* qui résoudrait tous ses problèmes, mais plutôt à un moyen qui, lorsqu'il est utilisé de manière optimale, l'aide à gérer ses symptômes quotidiens sans stress.

Il a également constaté que certaines caractéristiques de son TDAH, principalement la créativité et l'énergie, étaient canalisées positivement sans être supprimées par la prise prolongée de la substance active.

Un autre aspect important est l'impact des médicaments contre le TDAH *sur le développement du cerveau*, en particulier chez les enfants et les adolescents. Des études à long terme ont montré que l'utilisation de stimulants (comme le méthylphénidate) ne semble pas avoir d'effets négatifs. Au contraire, un traitement *médicamenteux précoce pourrait avoir un effet neuroprotecteur*, c'est-à-dire constituer une sorte de bouclier capable de conduire le cerveau sur la voie d'une maturation typique.

Avant d'aller plus loin, je pense qu'il serait bon de donner un aperçu représentatif des médicaments les plus couramment utilisés dans le traitement du TDAH. Chacun d'entre eux possède en effet des mécanismes d'action et des effets secondaires différents.

Le *méthylphénidate* (Ritalin, Concerta) est l'un des stimulants les plus couramment prescrits. Son action consiste à bloquer la *recapture* de la *dopamine* et de la *noradrénaline*, augmentant ainsi leur disponibilité dans le cerveau du patient. Ce mécanisme entraîne une *amélioration de l'attention et de la concentration* dans la réalisation de tâches simples et complexes. Le méthylphénidate est disponible sous forme de formulations à libération immédiate, qui agissent rapidement, mais nécessitent plusieurs doses au cours de la journée, ou sous forme de formulations à *libération prolongée*, qui offrent une couverture plus longue avec une seule dose quotidienne.

Les *amphétamines* (Adderall, Vyvanse) constituent un second type de stimulant très courant. Contrairement au méthylphénidate, elles bloquent la recapture de la dopamine et de la noradrénaline et stimulent la libération de ces deux neurotransmetteurs. Résultat ? Un effet renforcé chez certains patients, mais aussi un risque accru d'effets secondaires. Je précise que le Vyvanse est une *formulation d'amphétamine à libération prolongée qui est activée dans l'organisme de manière progressive* afin de réduire le potentiel d'abus (et est donc préférable à l'Adderall et à ses sous-catégories médicamenteuses).

L'*atomoxétine* (Strattera) est le principal médicament non stimulant utilisé dans la prise en charge du TDAH. Elle agit comme un inhibiteur sélectif de la *recapture de la norépinéphrine*. Contrairement aux stimulants, l'atomoxétine met plusieurs semaines à produire son plein effet. Elle est généralement considérée comme une bonne option pour les patients qui ne répondent pas bien aux *stimulants* ou qui ont eu des problèmes de *toxicomanie* dans le passé.

La *guanfacine* (Intuniv) est un médicament non stimulant utilisé à l'origine comme *antihypertenseur*. Il agit en stimulant les *récepteurs adrénergiques alpha-2A dans le cerveau* et améliore les réponses dans le cortex préfrontal. Il est très efficace pour traiter les patients présentant des problèmes d'hyperactivité et d'impulsivité.

Le *bupropion* (Wellbutrin) est un antidépresseur qui est parfois utilisé *sans autorisation de mise sur le marché*. Il agit sur la *norépinéphrine* et la dopamine et il est préféré dans les cas très complexes où le TDAH est associé à des signes tangibles de *dépression* et/ou à d'autres problèmes *psychiatriques*.

Encore une fois, le choix du médicament dépend de nombreux facteurs, dont notamment le sous-type de TDAH, la *présence de comorbidités, la réponse individuelle et le profil d'effets secondaires*. Il n'est donc pas surprenant que, de temps à autre, les patients doivent essayer deux ou plusieurs principes actifs (ou combinaisons de ceux-ci) avant de trouver le traitement optimal.

À cet égard, je me souviens du cas de Lucia, une patiente de 28 ans, qui a progressivement surmonté la réticence provoquée par l'idée d'intégrer un traitement médicamenteux. Ensemble, nous avons dû expérimenter différentes approches avant de trouver la bonne solution. Lucia souffrait d'un TDAH à *prédominance inattentive,* associé à de légers symptômes dépressifs. Au départ, le traitement était basé sur le méthylphénidate classique, qui améliorait sa concentration, mais qui augmentait aussi ses pics de stress et ses états d'anxiété. Nous sommes ensuite passés à l'atomoxétine, qui a eu un effet positif sur les symptômes du TDAH, mais n'a pas aidé à lutter contre la dépression. Enfin, nous avons opté pour une combinaison de bupropion à faible dose et de méthylphénidate à libération prolongée. Cette combinaison a permis à la patiente de gérer à la fois les symptômes du TDAH et ceux de la dépression *avec un minimum d'effets secondaires*.

Thérapies cognitivo-comportementales (TCC) et le TDAH

Les thérapies cognitivo-comportementales (TCC) constituent toujours une approche de premier ordre dans le traitement du TDAH, en complément de la thérapie médicamenteuse, fréquemment minimisée même de la part des praticiens. La TCC dont je vais vous parler dans les prochaines pages de ce livre que vous tenez entre les mains vise à modifier de manière cohérente les pensées et les comportements dysfonctionnels qui accompagnent souvent le TDAH. L'objectif est clair. Il s'agit d'aider les patients à développer des stratégies plus efficaces afin de gérer leurs symptômes.
Dans le contexte du trouble déficitaire de l'attention avec hyperactivité, la TCC vise à :

01. Améliorer l'organisation et la planification. Grâce à certaines techniques ad hoc (telles que la décomposition des tâches en étapes plus petites et plus faciles à gérer, l'utilisation de listes et de calendriers et la création de routines structurées), il est possible de surmonter le sentiment de frénésie et de chaos qui donne aux personnes atteintes de TDAH l'impression de ne pas être à la hauteur de la situation.

02. Améliorer la gestion du temps en suggérant certaines méthodes (par exemple, la technique Pomodoro et l'utilisation de minuteurs visuels).

03. Réduire la procrastination pour aider les patients à identifier et à remettre en question les pensées négatives qui les poussent à remettre les tâches à plus tard, afin qu'à long terme, ils puissent développer des stratégies leur permettant de se concentrer sur les tâches à accomplir.

04. Améliorer le contrôle des impulsions grâce à des techniques de pleine conscience tout en faisant *une pause + une réflexion* avant d'agir.

05. Augmenter l'estime de soi, avec l'intention de travailler sur les pensées négatives à propos de soi-même et de ses capacités, souvent enracinées dans le subconscient après des années de difficultés liées au TDAH.

06. Gérer les émotions. Il existe des techniques pour reconnaître et réguler les intenses poussées émotionnelles et perceptives qui accompagnent le TDAH.

Un aspect particulièrement efficace de la TCC appliquée au TDAH est également l'<u>accent mis sur la pratique et l'application des compétences dans la vie quotidienne</u>. À y regarder de plus près, il ne s'agit pas seulement d'apprendre de nouvelles stratégies, mais de les intégrer de manière proactive et efficiente dans les routines quotidiennes.
Permettez-moi de vous donner un exemple tiré de mon expérience clinique directe. Avec mon patient Alessandro, un manager de 35 ans souffrant de TDAH, j'ai beaucoup travaillé sur la gestion du temps et l'organisation des tâches liées à la sphère professionnelle. C'était un domaine de sa vie qui, bien que plein de succès, était aussi une source de crises de panique et de peurs profondes. Alessandro avait du mal à maintenir son attention durant les longues réunions d'affaires et se

retrouvait souvent submergé par de multiples échéances et projets qui l'obligeaient à veiller jusqu'à trois ou quatre heures du matin.

Avec lui, j'ai commencé par introduire un agenda numérique, synchronisé sur tous ses appareils. Alessandro a appris à décomposer les projets en tâches plus petites et à programmer régulièrement de courtes pauses pendant les réunions pour maintenir sa concentration (et sa capacité d'attention).

Enfin, pour ne rien oublier, j'ai fait de mon mieux pour structurer la thérapie d'Alessandro en phases progressives. L'approche cognitivo-comportementale étant extrêmement logique et fonctionnelle, j'ai pris la liberté de résumer les éléments les plus pertinents de l'expérience d'Alessandro afin de vous donner une image de l'amélioration (*potentielle*) qui soit réellement enracinée dans la vie quotidienne et la faisabilité.

PREMIÈRE SEMAINE

Avec le patient, nous nous sommes concentrés sur la mise en œuvre du *planificateur numérique*. Alessandro a compris comment introduire ses engagements, y compris les échéances et la liste de priorités des tâches quotidiennes. Nous avons ensuite pris le temps de *classer ses engagements* individuels, grâce à un système de couleurs permettant de distinguer facilement le travail, la vie personnelle et le temps libre.

SECONDE SEMAINE

De la théorie à la pratique ! Avec Alessandro, nous avons introduit la technique Pomodoro. Le patient a commencé à travailler par tranches de vingt-cinq minutes, suivies de pauses de cinq minutes. Cette stratégie lui a permis de rester concentré sur une tâche pendant plus longtemps. De cette manière, il a pu réduire le sentiment d'être submergé.

TROISIÈME SEMAINE

Nous nous sommes concentrés sur la décomposition des projets. Alexander a appris à diviser les grandes tâches en petites étapes gérables. Nous avons créé un système de *mini-délais* pour chaque étape. Petit à petit, le patient a pris confiance dans le système que je lui proposais et il a découvert qu'il est plus facile de s'en tenir à un planificateur, plutôt que de déterminer jour après jour comment sortir du tunnel des échéances.

QUATRIÈME SEMAINE
À la fin du premier mois de thérapie, nous nous sommes consacrés au talon d'Achille d'Alessandro... Les (redoutables) réunions de bureau. Il a commencé à rédiger un ordre du jour détaillé pour chaque réunion, en prévoyant de courtes pauses toutes les trente minutes. Il s'est également familiarisé avec quelques techniques de prise de notes discrètes pour garder son attention.

CINQUIÈME SEMAINE
Les améliorations apportées ont incité Alessandro à relever la barre. Nous nous sommes donc intéressés à la gestion du courrier électronique. Il a mis en place un système de boîte de réception zéro extrêmement rentable. L'objectif ? Traiter les messages *des clients et des collègues* à des moments précis de la journée au lieu d'y répondre constamment. En outre, le patient a également appris à utiliser des filtres et des étiquettes pour mieux organiser sa boîte de réception.

SIXIÈME SEMAINE
Nous nous sommes attaqués à la procrastination. Alessandro a découvert comment identifier les pensées négatives (du type « Je n'y arriverai jamais », « C'est trop dur ») et les remplacer par des affirmations plus constructives (« Je peux y aller étape par étape », « J'ai déjà géré des situations similaires par le passé », etc.)

SEPTIÈME SEMAINE
Après plus d'un mois de thérapie cognitivo-comportementale, nous nous sommes concentrés sur les techniques de pleine conscience afin d'ancrer l'esprit TDAH dans l'ici et le maintenant. Mon interlocuteur a commencé à pratiquer des exercices de respiration très courts et une méditation guidée, qui se sont révélés très utiles dans les moments de stress ou lorsque la concentration faisait défaut.

Et ainsi de suite.
La valeur ajoutée de la thérapie cognitivo-comportementale réside dans sa *progression graduelle*. Les bonnes habitudes, selon la science, prennent (au moins) vingt-et-un jours avant d'être *normalisées par un esprit en constante adaptation*. Ainsi, le fait même d'intégrer un nouvel élément comportemental d'une semaine à l'autre, A) permet de garantir la gratification immédiate recherchée par les personnes souffrant d'hyperactivité avec déficit de l'attention et B) de se familiariser avec des

techniques et/ou des outils sans se sentir surstimulé. *Il reste valable de travailler en face-à-face avec un professionnel de la santé qui peut reconnaître les points critiques et guider le patient dans son cheminement.*

Chapitre 6 - Ne mettez pas votre estime de soi en veille

Le mot d'ordre de mon enfance ? *La vulnérabilité.*
Enfant, je me suis toujours senti comme un petit extraterrestre, un « E.T. » débarqué sur une planète dont je ne connaissais pas les règles. Assis à mon bureau, entouré de camarades de classe qui semblaient bouger à l'unisson, j'étais perpétuellement en difficulté. Leurs blagues, leurs regards compréhensifs, même la façon dont ils écrivaient leurs devoirs dans l'agenda de l'école, *tout semblait faire partie d'une sorte de code secret que je n'arrivais pas à déchiffrer.*
Je ne vous cache pas que, de temps en temps, j'entrais dans la classe le cœur battant. Je me disais mentalement : « *Aujourd'hui, ça ira mieux, aujourd'hui, je pourrai être comme eux* ». Mais il suffisait d'un commentaire sarcastique de l'enseignant ou d'un regard perplexe d'un camarade de classe pour mettre en péril le château (très fragile) de mon estime de soi. La boucle des pensées négatives était un mantra dont je ne pouvais me débarrasser : « *Tu es différent, tu as tort... tu ne seras jamais comme les autres* », etc. Au lieu du petit grillon, qui juge et qui encourage, dont on parle dans les contes de fées, j'avais une petite voix cruelle dans la tête qui ne cessait de me faire sentir inadéquat, alimentant ce sentiment constant de ne pas être à ma place, qui m'a marqué jusqu'à l'université.
Sans parler de mes anniversaires. Là où les autres enfants sautaient de joie, je m'enfermais dans un silence morose. Une véritable torture psychologique. L'angoisse de devoir interagir, de devoir faire semblant de comprendre les règles des jeux, de devoir cacher le fait que je me sentais comme un intrus. J'ai passé des heures à observer les autres, poussé par la curiosité de comprendre... *Comment être normal, comment disparaître dans la foule.*
Je sentais en moi un besoin viscéral, presque douloureux, d'être accepté. J'étais prêt à tout pour obtenir un signe de tête. Et je rêvais d'être le chef d'un groupe qui m'écouterait sans ricaner à mes moindres bizarreries. Plus facile à dire qu'à faire. Je changeais de personnalité comme on

change de masque, cherchant désespérément une stratégie d'adaptation qui me permettrait de donner aux autres ce qu'ils attendaient de moi.

Avec les copains footballeurs, je feignais un intérêt pour ce sport que je n'avais jamais vraiment ressenti. Avec les geeks de l'école, je m'efforçais de paraître concentré sur les livres, même si mon esprit vagabondait vers les bandes dessinées que j'avais lues la veille. Avec les brutes et ceux qui ne tenaient pas leur langue, donc, j'allais jusqu'à la vantardise en espérant ne pas devenir la cible de leurs stratagèmes ou lubies.

Et si vous pensez, Chère Lectrice, Cher Lecteur, que ce sont là les problèmes typiques de tout adolescent, je peux vous confirmer que, même à l'âge adulte, il m'est arrivé assez souvent de faire le *clown* pour détourner l'attention de mes déficits. J'avais porté un masque pendant si longtemps que je ne savais plus comment l'enlever.

Dans les fêtes universitaires auxquelles je me suis autorisé à participer après un examen, j'étais celui qui racontait les blagues les plus stupides, qui se lançait dans des imitations exagérées de tel ou tel politicien, ou qui dansait de manière ridicule pour faire rire. Je me disais qu'au moins, là, on rirait avec moi, et non pas de moi. Mais à l'intérieur, eh bien, à l'intérieur, il y avait un vide qu'aucun rire ne pouvait vraiment combler.

Au travail, j'étais le premier à arriver et le dernier à partir parce que je voulais compenser *par des heures supplémentaires* (non rémunérées, bien sûr) mon incapacité à me concentrer durant la journée de travail. Je posais mille questions, même si je comprenais parfaitement les missions qui m'étaient confiées, juste pour avoir l'air intéressé et impliqué. J'organisais des apéritifs après le travail, je me portais volontaire pour chaque projet et je ne disais jamais non à un changement d'horaire… Et tout cela pour me faire accepter et ne pas me sentir comme une autre mouche blanche de plus, atteinte de TDAH.

Dans les relations amoureuses, j'étais ce que j'aime appeler un *caméléon émotionnel*. Je changeais de goûts musicaux, d'opinions politiques, et même de façon de m'habiller pour correspondre à ce que je pensais que l'autre personne attendait de moi. Je me transformais en expert en art contemporain ou en adepte de la cuisine fusion japonaise alors qu'au fond de moi, je ne ressentais pas la moindre étincelle pour les passions de ma… moitié !

Bref, mon vrai moi était retranché derrière un mur d'insécurités, de peurs et une solitude qui semblait sans fin. Mais derrière la barrière du « c'est bon » que je montrais à mes interlocuteurs, se cachait un *enfant effrayé* qui ne comprenait toujours pas pourquoi il ne pouvait pas être comme eux.

Un soir particulier, - j'avais probablement vingt-et-un ou vingt-deux ans - à la fin d'une fête au cours de laquelle je m'étais comporté comme le « *clown* » habituel et où j'avais bu quelques verres de trop, je me suis retrouvé seul dans mon petit appartement de banlieue, un studio meublé de façon minimale, avec un canapé, un bureau et quelques cactus épineux. J'ai *regardé mon reflet dans le miroir* de la salle de bains et, pendant un moment, je n'ai pas reconnu l'image qui me fixait. Qui était cette personne au sourire fatigué et aux yeux tristes ? *Où était passé le vrai Marco ?*
C'est à ce moment-là que j'ai *réalisé à quel point j'étais épuisé.*
Le moment était venu de laisser tomber le masque. De changer.

Un voyage (mouvementé) vers l'acceptation de soi

À nouveau ici, c'est la doctoresse Laura qui s'exprime.
Chère Lectrice, Cher Lecteur, sachez que l'estime de soi dont il est tant question dans notre société contemporaine *est la valeur que nous nous attribuons, c'est-à-dire l'appréciation globale que nous portons sur notre personne.* Il ne s'agit pas d'une valeur fixe ni immuable, mais d'une compétence qui se cultive et se renforce au fil du temps. Pour les personnes atteintes de TDAH, il est très difficile d'acquérir une solide estime de soi, notamment en raison du sentiment d'inadéquation que l'on éprouve dès le plus jeune âge, mais il s'agit d'une étape fondamentale pour mener une vie *paisible* et *épanouissante.*
De nombreuses études publiées sur la question ont montré que les personnes souffrant d'un trouble déficitaire de l'attention avec hyperactivité ont généralement des niveaux de confiance en soi inférieurs à ceux de la population en général. Une méta-analyse publiée dans le *Journal of Attention Disorders en 2018* a passé en revue trente-trois publications de la communauté scientifique internationale impliquant plus de deux-mille-six-cents participants dans le seul but de mettre en évidence une corrélation entre le TDAH et l'autodépréciation, *en particulier chez les adultes.*
Mais quelles sont les causes sous-jacentes de la faible auto-évaluation de Marco et de milliers et de milliers d'autres patients dans le monde ? Le *sentiment de ne pas être à la hauteur* est le résultat d'années et d'années

d'expériences négatives, d'échecs et de critiques de la part des parents, des enseignants et des pairs. Les personnes atteintes de TDAH intériorisent les reproches et les avertissements des autres, au point de croire qu'elles sont *intrinsèquement défectueuses ou incapables*.

Il est important de rappeler que le TDAH ne définit pas une personne. Le trouble n'est qu'une partie de ce que nous sommes. Pour développer une solide estime de soi, il faut avant tout apprendre à reconnaître et à valoriser ses points forts, tout en s'efforçant de normaliser et de gérer ses difficultés.

Là encore, une approche vraiment efficace pour améliorer l'estime de soi est la thérapie cognitivo-comportementale (TCC), dont je vous ai parlé dans le chapitre précédent. Cette approche thérapeutique, qui est devenue très populaire en France, en Italie et dans le Vieux Continent, permet aux patients d'identifier et de *remettre en question les pensées négatives automatiques* qui les assaillent. Un exemple ? Au lieu de penser « Je ne pourrai jamais terminer ce projet », on peut reformuler cette pensée en « Je peux diviser la tâche en étapes plus petites et plus faciles à gérer ».

Un autre facteur clé concerne *l'autocompassion*. Des recherches menées par le Dr Kristin Neff ont montré que la (bonne) habitude de se traiter avec gentillesse et compréhension, en particulier face aux difficultés, a un impact significatif sur l'estime de soi et le bien-être mental. C'est particulièrement vrai pour les patients atteints de TDAH, qui sont souvent confrontés à des défis quotidiens qui sapent leur efficacité personnelle.

Pour commencer, donnez une chance à ces cinq exercices simples, à mettre en œuvre et qui serviront de base à une estime de soi et à une prise en charge de soi plus solides et durables.

01. JOURNAL DES SUCCÈS QUOTIDIENS

Chaque soir, avant de vous coucher, notez trois choses que vous avez accomplies au cours de la journée. Qu'il s'agisse de tâches accomplies, de moments de gentillesse envers les autres ou envers vous-même, ou de situations dans lesquelles vous avez bien géré les symptômes du TDAH, cela ne fait aucune différence. L'objectif est d'entraîner le cerveau à remarquer les réussites au lieu de se concentrer uniquement sur les erreurs.

Exemple de compilation des réussites
- Aujourd'hui, j'ai réussi à terminer mon rapport de travail avant

la date limite.
- J'ai pris une pause de dix minutes pour méditer lorsque je me sentais débordé.
- J'ai aidé un collègue à résoudre un problème technique

02. REMETTEZ EN QUESTION LES PENSÉES NÉGATIVES

Lorsque vous vous surprenez à penser quelque chose de négatif à votre sujet, arrêtez-vous et posez-vous la question :

- Cette croyance est-elle fondée sur des faits ou simplement sur des émotions ?
- Quelle preuve ai-je que cette pensée est vraie ? Et quelle preuve ai-je du contraire ?
- Que ressentirais-je si un ami me disait qu'il pense la même chose de lui-même ? Que lui répondrais-je ?
- Quelle est la façon la plus réaliste et la plus compatissante d'envisager la situation ?

Notez vos réponses et essayez de formuler une pensée alternative plus équilibrée.

03. FIXEZ DES OBJECTIFS RÉALISTES ET CÉLÉBREZ VOS PROGRÈS

Choisissez un domaine de votre vie que vous souhaitez améliorer. Fixez-vous un objectif SMART (*Spécifique, Mesurable, Atteignable, Réaliste, Défini dans le Temps*) et divisez-le en petites étapes. Suivez vos progrès et célébrez chaque étape, aussi petite soit-elle.

Exemple
Objectif : améliorer l'organisation de mon bureau

Étapes :
01. Acheter des classeurs et des contenants (d'ici samedi)
02. Jeter les vieux papiers et les objets inutiles (trente minutes par jour durant une semaine)
03. Créez un système de classement pour les documents importants (d'ici le week-end prochain)
04. Établir une routine quotidienne de cinq minutes pour maintenir l'ordre

Célébrez chaque tâche accomplie par une petite récompense ou un moment de reconnaissance.

Des défis aux succès - Un guide pratique pour changer votre vie du jour au lendemain (avec un peu d'effort...)

Le TDAH représente certes un défi global, mais il est clair que les traits associés à ce trouble peuvent être transformés en forces uniques et fonctionnelles pour le bien-être de l'individu.
Voici une liste de traits typiquement considérés comme *négatifs*, mais sur lesquels il est possible de travailler de manière concrète, afin de les transformer en leur meilleure version :

DISTRACTION → CONSCIENCE ÉLEVÉE
Les personnes atteintes de TDAH sont très attentives aux détails de leur environnement, n'est-ce pas ? Cette sensibilité se traduit par une créativité aiguisée, une capacité à remarquer des liens inattendus et une aptitude extraordinaire à trouver des solutions innovantes.

Stratégies
- Exploitez vos superpouvoirs de TDAH dans des domaines tels que le design, l'art ou la résolution créative de problèmes.
- Utilisez votre sensibilité pour améliorer votre environnement de travail ou de vie, par exemple en le rendant plus fonctionnel et plus esthétique.

IMPULSIVITÉ → SPONTANÉITÉ ET CAPACITÉ DE PRISE DE DÉCISION RAPIDE
L'impulsivité n'est pas seulement négative. Non, Chers Lecteurs. C'est aussi la capacité à prendre des décisions rapides et à agir promptement en cas de besoin. C'est une qualité précieuse dans les situations d'urgence ou dans les environnements très dynamiques.

Stratégies

- Cultivez votre spontanéité dans des contextes sociaux ou créatifs.
- Améliorez votre capacité à prendre des décisions rapides grâce à des exercices de résolution de problèmes ad hoc.
- Apprenez à équilibrer l'impulsivité avec des moments de réflexion lorsque les décisions sont importantes ou ont des effets à long terme.

HYPERACTIVITÉ → ÉNERGIE ET DYNAMISME

L'hyperactivité est une source inépuisable d'énergie qui se traduit par une approche réactive de la vie. À y regarder de plus près, c'est donc un trait de caractère avantageux dans tous les métiers qui nécessitent une endurance physique ou mentale.

Stratégies

- Trouvez des occupations ou des passe-temps qui vous permettent d'être physiquement actif.
- Utilisez votre énergie pour motiver et inspirer les autres
- Apprenez à canaliser votre énergie de manière productive en faisant régulièrement de l'exercice.

DIFFICULTÉS DE CONCENTRATION → COMPÉTENCES MULTITÂCHES

Si la difficulté à rester concentré sur une seule tâche peut certainement constituer un défi dans des contextes opérationnels standards et traditionnels, de nombreuses personnes atteintes de TDAH excellent dans le multitâche parce qu'elles sont capables de passer rapidement d'une tâche à l'autre.

Stratégies

- Recherchez des emplois qui valorisent la capacité à gérer plusieurs tâches simultanément.
- Utilisez des techniques telles que le cloisonnement dans le temps pour tirer le meilleur parti des périodes de concentration intense.
- Alternez différentes tâches pour maintenir une stimulation mentale élevée.

HYPERSENSIBILITÉ ÉMOTIONNELLE → EMPATHIE ET INTUITION

La tendance à ressentir des émotions intenses se traduit généralement par une profonde empathie, c'est-à-dire par la capacité à se connecter à ses interlocuteurs. La sensibilité est un atout dans de nombreux domaines (psychologie, art ou *service à la clientèle*, par exemple).

Stratégies

- Cultivez votre intelligence émotionnelle en pratiquant la pleine conscience.
- Utilisez votre empathie pour établir des relations constructives et soutenir les autres.
- Trouvez des moyens uniques d'exprimer vos émotions intenses, par le biais de l'art ou de l'écriture, par exemple.

TENDANCE AU CHAOS → PENSÉE NON CONVENTIONNELLE

Le *désordre créatif* typique du TDAH est également propice aux connexions inattendues et aux idées novatrices. De nombreux entrepreneurs et inventeurs à succès vivent (ou ont vécu) avec ce trouble.

Stratégies

- Utilisez des outils de brainstorming pour capturer vos idées.
- Recherchez des rôles ou des projets qui valorisent les idées *originales, des pensées « out of the box »*.
- Collaborez avec des personnes plus structurées et méthodiques, dans le but de maximiser les résultats et de ne pas trop vous éloigner du sujet.

HYPERFOCALISATION → CAPACITÉ À SE PLONGER ENTIÈREMENT DANS UNE TÂCHE

Bien que les personnes atteintes de TDAH aient des difficultés à maintenir leur attention sur des tâches peu stimulantes, elles peuvent également connaître des périodes *d'hyperfocalisation* sur des activités qui les passionnent. Cette capacité permet d'obtenir des résultats extraordinaires dans les domaines qui les intéressent.

Stratégies

- Identifiez les activités qui déclenchent votre *hyperfocalisation* et essayez de les intégrer à votre travail ou à vos loisirs.
- Utilisez des minuteries ou des alarmes pour éviter de perdre la notion du temps pendant les périodes d'hyperfocalisation.
- Utilisez ces moments de concentration intense pour des projets créatifs ou pour effectuer des tâches complexes.

DIFFICULTÉS AVEC LA ROUTINE → ADAPTABILITÉ ET FLEXIBILITÉ

Si suivre une routine rigide semble (presque) impossible, les personnes atteintes de TDAH excellent dans les situations qui requièrent adaptabilité et rapidité d'esprit. Leur flexibilité est un grand avantage dans les environnements de travail dynamiques ou dans les rôles de leadership.

Stratégies

- Recherchez des opportunités qui renforcent votre capacité à vous adapter rapidement au changement.
- Utilisez votre créativité pour trouver des solutions innovantes à des problèmes inattendus.
- Développez des systèmes flexibles plutôt que des routines rigides pour gérer vos responsabilités.

TENDANCE À LA PROCRASTINATION → CAPACITÉ À TRAVAILLER SOUS PRESSION

De nombreux patients atteints de TDAH rencontrés dans mon cabinet constatent qu'ils sont productifs lorsqu'ils travaillent dans des délais serrés. Cette aptitude est un atout dans les situations de crise ou lorsque les projets sont *soumis à des délais très courts*.

Stratégies

- Fixez des délais artificiels pour vous motiver

- Recherchez des postes qui requièrent la capacité de gérer des situations d'urgence ou des projets à court terme.
- Équilibrez cette tendance par des techniques de gestion du temps, ce qui vous évitera une anxiété excessive liée à l'accomplissement.

DIFFICULTÉ AVEC LES DÉTAILS → VUE D'ENSEMBLE ET RÉFLEXION STRATÉGIQUE

La réflexion stratégique vous permet de vous recentrer sur la vue d'ensemble d'une situation et/ou d'un problème. Cette compétence est inestimable pour la planification à long terme.

Stratégies

- Privilégiez les postes qui renforcent votre capacité à percevoir les liens et les tendances à grande échelle.
- Collaborez avec des personnes soucieuses du détail pour créer une équipe équilibrée.

Faites fructifier vos superpouvoirs

Nous arrivons ici à un point capital. Jusqu'à présent, nous avons parlé de la myriade de défis que le TDAH pose dans la vie de tous les jours, à savoir les distractions, les difficultés de concentration, l'impulsivité... autant d'éléments qui, avouons-le, rendent la vie quotidienne *plus compliquée qu'on ne le pense*. Mais il est temps de changer de perspective et de découvrir comment, derrière le chaos apparent d'un esprit neuroatypique, *se cachent de précieux talents*.

En effet, le TDAH n'est pas seulement un obstacle, mais aussi une *source inépuisable de potentialités extraordinaires*, un véritable réservoir de « superpouvoirs » à entraîner et à mettre en œuvre dans les aléas de la routine, dans la sphère personnelle, sentimentale et professionnelle.

Dans ces paragraphes, plus conséquents que les précédents, je vais vous révéler *comment tirer le meilleur parti de vos caractéristiques uniques*. Et pour y parvenir, je vous parlerai de créativité, *d'hyperfocalisation*, de résolution de problèmes à la vitesse de l'éclair et de bien d'autres armes secrètes typiques du trouble.

Pas de conseils vagues, vous trouverez des techniques et des stratégies éprouvées sur le terrain, enrichies d'exemples pratiques et d'études scientifiques de pointe. L'objectif ? Apprendre à transformer ce qui est souvent considéré comme un « *défaut* » en un avantage concurrentiel incroyablement puissant.

Êtes-vous prêt à découvrir votre *potentiel caché* ?

Commençons par...

Atout n° 1 - Une créativité explosive

Commençons par ce qui est probablement le superpouvoir le plus connu, à savoir la créativité. De nombreuses recherches neuroscientifiques montrent que le cerveau des personnes souffrant de TDAH comporte des zones qui communiquent entre elles de manière plus dynamique que la normale, ce qui facilite la réalisation d'associations inédites et l'adoption d'une pensée « *divergente* ». En d'autres termes, les personnes qui vivent avec ce trouble au quotidien ont tendance à trouver des connexions là où d'autres ne voient que des *divisions*, à sortir des sentiers battus et à générer des idées qui laissent leurs interlocuteurs sans voix.

Cela vous rappelle quelque chose ? Edward de Bono, le théoricien de la *pensée latérale*, l'explique plus ou moins ainsi. À côté de la pensée logique-séquentielle classique, il existe une forme de <u>raisonnement plus libre et plus intuitive</u>, capable d'explorer des horizons normalement ignorés. Les personnes atteintes de TDAH ont d'ailleurs tendance à *exceller précisément dans cette approche non linéaire*. Une idée en entraîne une autre, dans un savant mélange *d'idées originales et de solutions inattendues*.

Prenons un exemple concret. Supposons que vous souhaitiez améliorer les ventes d'un produit. La *logique verticale* vous suggère de vous concentrer sur la publicité ciblée, les promotions, les rabais, etc. La pensée latérale d'un cerveau TDAH (et d'autres), en revanche, pourrait vous proposer quelque chose du style : **A)** une édition limitée avec un emballage extravagant signé par un artiste célèbre ou peut-être **B)**, une campagne sociale virale dans laquelle les utilisateurs montrent des utilisations alternatives et folles du produit en question ou même **C)** un événement immersif qui fait vivre aux clients une expérience émotionnelle liée à l'article à promouvoir... et ainsi de suite, *les idées sont potentiellement infinies*.

Quelqu'un pourrait peut-être lever le nez sur cela et affirmer que les inconvénients du TDAH ne sont en rien compensés par ces pics de créativité. Pourtant, c'est précisément ce genre d'idées qui fait la différence entre la stratégie commerciale habituelle et un éclair d'originalité destiné à marquer les esprits.

Une étude publiée dans le *Journal of Attention Disorders*[1] confirme cette impression.

Les adultes souffrant de TDAH enregistrent des résultats *significativement plus élevés* aux tests de pensée divergente que les groupes de contrôle. Ils excellent notamment dans ce que l'on appelle la « *fluidité idéationnelle* » (comprendre ici la capacité à générer une multitude d'idées en un temps relativement court) et l'originalité (c'est-à-dire le fait de trouver des solutions que personne d'autre n'a pu trouver).

D'où vient cette explosion créative ? Plusieurs facteurs contribuent au succès.

- **La pensée associative rapide,** qui permet à l'esprit du TDAH de relier rapidement des concepts apparemment éloignés les uns des autres.
- **L'hypersensibilité sensorielle,** c'est-à-dire la capacité à percevoir des détails et des nuances souvent ignorés par les autres.
- **L'impulsivité positive,** ce « saut dans le noir » qui peut conduire à des solutions inhabituelles.
- **L'hyperfocalisation,** dont je vous parlerai dans la section suivante, ou la capacité à se concentrer profondément, presque de manière obsessionnelle, sur ce qui vous intéresse vraiment.

C'est pourquoi de nombreux artistes, musiciens, designers et entrepreneurs à succès attribuent une partie de leur génie au TDAH. Un nom parmi d'autres ? Dale Chihuly, le sculpteur sur verre mondialement connu. Il dit lui-même que son esprit en *perpétuel changement* le pousse à concevoir des œuvres monumentales et à créer des installations qui semblent sortir d'un *macrocosme onirique*. Il en va de même pour de nombreux musiciens, comme Travis Barker de Blink-182, connu pour son *énergie inépuisable* à la batterie. Citons ensuite quelques entrepreneurs. David Neeleman, fondateur de *JetBlue Airways*,

---

[1] Olivier Girard-Joyal, Bruno Gauthier, *Creativity in the Predominantly Inattentive and Combined Presentations of ADHD in Adults*, 2022.

a mis son esprit ADHD au service de la révolution de l'expérience en vol, en introduisant des écrans de télévision sur chaque siège et en imaginant des services innovants. Richard Branson (Virgin Group) lui-même a souvent déclaré que sa *capacité cognitive en perpétuel mouvement* a été l'étincelle de nombreuses entreprises révolutionnaires, qu'il s'agisse de musique, de compagnies aériennes ou même de voyages dans l'espace. *Un véritable bond en avant, non ?*

La recherche confirme d'ailleurs que les personnes atteintes de TDAH ont une forte propension à l'esprit d'entreprise. Un mélange de créativité, de courage dans la prise de risque et de passion pour les défis qui peut déboucher sur des projets véritablement révolutionnaires.

La question se pose donc... Existe-t-il des stratégies concrètes pour transformer la créativité du trouble en étincelle qui mène au succès ?

En effet, s'il n'est pas correctement géré, l'esprit TDAH risque de « *revenir* » à l'envoyeur comme un boomerang. Trop d'idées, trop de confusion et le risque de ne rien faire. Bref, un grand feu d'artifice qui s'éteint trop vite. Heureusement pour nous, il existe de nombreuses techniques pour canaliser votre énergie et la mettre à profit.

Brain dumping

Réservez un quart d'heure (ou moins) chaque jour pour libérer toutes les idées qui tourbillonnent dans votre tête. Prenez un stylo et du papier, ou une application sur votre smartphone, et notez sans retenue tout ce qui vous passe par la tête, même si cela vous semble absurde. L'important est d'attraper le flux créatif avant qu'il ne s'échappe.

Archives d'idées

Transformez votre « brain dump » en un véritable « *dépôt* » d'idées, divisé en catégories (travail, projets artistiques, loisirs, etc. etc.). Ainsi, lorsque vous avez besoin d'un coup de pouce créatif, vous n'avez qu'à c*onsulter ce que vous avez déjà mis de côté.*

Espaces dédiés à l'hyperfocalisation

Si l'hyperfocalisation est l'une de vos forces, utilisez-la à votre avantage ! Créez un environnement sans distraction dans lequel, durant vingt-cinq ou trente minutes maximum, vous pouvez vous plonger entièrement dans une seule activité créative. Utilisez des techniques de soutien (comme la méthode Pomodoro pour gérer le travail et les pauses). Dans ces moments, laissez libre cours à votre esprit et ne vous sentez pas coupable si vous vous isolez du monde. Nous y reviendrons dans les pages suivantes, *ne vous inquiétez pas.*

Sélection et réduction
Avoir une centaine d'idées ne signifie pas que vous devez toutes les mettre en œuvre. Une fois par semaine, parcourez vos archives et demandez-vous : « Parmi ces propositions, lesquelles méritent vraiment que j'y consacre du temps, de l'énergie et des ressources ? ». *Éliminez le superflu, ne gardez que ce qui vous passionne et ce qui vous stimule vraiment.*

Permettez-moi d'attirer votre attention sur un autre aspect, celui de la coopération. La coopération avec les collègues, les amis, les partenaires et les membres de la famille est un formidable amplificateur de la créativité du TDAH. Travailler aux côtés de personnes qui complètent vos compétences - peut-être des personnes plus structurées ou qui ont le sens du détail - vous apportera le soutien dont vous avez besoin pour concrétiser vos idées. Dans certains cas, une bonne séance de brainstorming en groupe peut devenir un foyer d'idées inattendues, car l'échange d'idées, de points de vue et de perspectives conduit souvent à des solutions bien supérieures à celles que vous auriez trouvées seul.

Ne sous-estimez pas non plus la différence que peuvent faire des stimuli hétérogènes et toujours nouveaux. Si vous souffrez de TDAH, votre esprit se nourrit de nouveauté, de sorte que tout ce qui est différent de la routine habituelle est le bienvenu. Une exposition d'art que vous n'auriez jamais pensé visiter, un genre musical complètement étranger à vos goûts, ou peut-être un livre qui traite d'un sujet en dehors de votre zone de confort. Plus les stimuli sont variés, plus votre créativité est stimulée, ouvrant des possibilités que vous n'auriez jamais imaginées.
Non seulement des idées, mais aussi des actions !
Tout cela est très intéressant, n'est-ce pas ? Mais dans la pratique ? Pour passer de la théorie à la pratique, expérimentez des techniques et des outils inhabituels. Si vous êtes un artiste visuel, pourquoi ne pas essayer de peindre avec des matériaux inhabituels ? Si vous aimez écrire, jouez avec des structures narratives non linéaires. L'objectif est toujours de repousser un peu plus loin les limites de votre expression et de remettre en cause *la monotonie du « on a toujours fait comme ça »*...

Pensée divergente accélérée

Un aspect fascinant de la créativité liée au TDAH est ce que le neuroscientifique Ned Hallowell appelle la *pensée divergente accélérée*, c'est-à-dire la capacité, typique des esprits souffrant de troubles déficitaires de l'attention avec hyperactivité, à produire de nombreuses idées, en successions rapides. C'est comme si le cerveau vivait dans un état de brainstorming perpétuel, sautant d'une idée à l'autre, avec une rapidité et une imprévisibilité étonnantes.

Imaginez un *superordinateur associatif* qui, au lieu de suivre un chemin logique linéaire (A-B-C), s'amuse à sauter de A à X, puis à M, à revenir à B, à sauter à Z... et ainsi de suite. Cette myriade de connexions non linéaires a le pouvoir de générer des idées hors du *commun et des solutions novatrices*.

Un exemple précis de ce processus concerne **Will.i.am**, artiste aux multiples facettes, producteur de musique et entrepreneur connu pour être le leader du groupe **Black Eyed Peas**. Cet artiste créatif a parlé ouvertement de son diagnostic de TDAH et de la manière dont cette maladie a affecté sa capacité à générer des idées. Il a décrit son esprit *comme un moteur toujours en marche*, qui lui permet de générer sans arrêt des concepts musicaux, visuels et entrepreneuriaux.

C'est précisément cette activité cognitive incessante qui l'a conduit à *expérimenter* des sons, des modes et des technologies, révolutionnant le paysage musical et numérique au moyen de projets toujours innovants.

Pour tirer le meilleur parti de ce « *superpouvoir* » *créatif,* je vous propose de vous aider à réaliser une carte mentale explosive. Prenez une grande feuille de papier (ou un tableau blanc numérique), *écrivez au centre le thème* sur lequel vous voulez travailler et laissez votre esprit vagabonder librement, en notant toutes les associations, *même les plus folles*. Reliez les idées par des flèches ou des branches. *L'objectif est de capter votre flux créatif avant qu'il ne s'échappe.*

ACTIVITÉS - Libérez votre créativité en moins de quatre semaines

SEMAINE 1 : EXPLORER ET OBSERVER

Jours 1 à 3 : journal de curiosité
Chaque jour, notez cinq choses qui ont attiré votre attention. Vous pouvez noter des objets, des conversations, des idées ou des sentiments.

Jours 4-5 : chaque jour, choisissez un défi dans la liste et abordez-le dans un esprit d'exploration sans juger du résultat.

Si vous êtes à court d'idées, je vous suggère de commencer ici.

☐ Dessinez quelque chose sans jamais lever le stylo de la feuille.

☐ Trouvez un objet inutile dans la maison et attribuez-lui cinq nouvelles fonctions.

☐ Écrire un poème dans lequel chaque mot commence par la même lettre.

☐ Construisez un objet avec des matériaux recyclés (cuillères, bouchons, fil de fer, carton...).

☐ Racontez votre journée comme s'il s'agissait de la bande-annonce d'un film.

☐ Enregistrez une piste audio en utilisant uniquement des sons que vous pouvez produire chez vous.

☐ Inventez un nouveau sport aux règles complètement absurdes.

Ne réfléchissez pas trop. Jouez, improvisez, puis observez ce qui émerge.

Jour 6-7 : connexions aléatoires
Ouvrez un livre au hasard et choisissez un mot. Faites de même avec deux autres manuscrits. Créez maintenant une histoire ou une idée qui relie les trois mots.

Mot 1 : _____ Livre : _____

Mot 2 : _____ Livre : _____

Mot 3 : _____ Livre : _____

Histoire/Idée : _____

SEMAINE 2 : EXPÉRIMENTEZ ET JOUEZ AVEC VOTRE ESPRIT

Jour 8-10 : choisissez un objet et analysez-le d'un point de vue nouveau:

- Quelle est sa forme ? Est-il symétrique ou irrégulier ?
- Si vous ne saviez pas comment l'utiliser, à quoi servirait-il ?
- S'il s'agissait d'un être vivant, quel genre de créature serait-il ?
- Et s'il était interdit et dangereux, quel usage en feriez-vous ?

Jour 11-12 : carte mentale des passions
Au centre d'une grande feuille de papier, écrivez le titre MES PASSIONS. En partant du noyau, créez de nouvelles branches et connexions pour explorer tout ce qui vous intéresse. Utilisez des couleurs, des formes et des symboles pour rendre la carte visuellement stimulante.

Quelques idées pour les branches principales :
- Loisirs actuels
- Centres d'intérêt de l'enfance
- Rêves dans le tiroir
- Talents inexprimés
- Curiosités intellectuelles
- Causes qui vous tiennent à cœur

Consacrez au moins trente minutes à cette activité, en laissant les idées s'exprimer librement. Ne censurez rien (même si cela vous semble insignifiant ou irréaliste).

Jour 13-14 : remix créatif
Choisissez deux de vos passions dans votre carte mentale et essayez de les combiner de manière inattendue. Créez un nouveau quid, qui combine des éléments de ces deux passions.

Exemples :

- Si vous aimez la cuisine et la photographie, vous pourriez créer un livre de recettes illustré avec des photos artistiques des

ingrédients.
- Si vous êtes passionné de musique et d'écologie, vous pourriez composer une chanson en utilisant uniquement des sons de la nature.
- Si vous vous intéressez à l'histoire et au graphisme, vous pourriez créer des infographies sur des événements historiques peu connus.

SEMAINE 3 : CRÉER ET PARTAGER

<u>Jour 15-18</u> : projet micro-créatif
Choisissez une idée des semaines précédentes et transformez-la en un petit projet. Consacrez-y trente minutes par jour durant quatre jours consécutifs.

Idée choisie : _____
Plan d'action
Jour 1 : _____
Jour 2 : _____
Jour 3 : _____
Jour 4 : _____

<u>Jour 19</u> : réfléchir et affiner
Passez en revue votre projet. *Qu'est-ce qui vous plaît ? Que voudriez-vous changer ?* Écrivez trois manières dont vous pourriez l'améliorer ou le développer.
1. _____
2. _____
3. _____

<u>Jour 20-21</u> : partager et se connecter
Trouvez une stratégie pour partager votre projet ou vos idées créatives avec au moins trois personnes. Il peut s'agir d'amis, de membres de votre famille ou même d'utilisateurs en ligne qui fréquentent des communautés créatives.

Notez leurs réactions :

Personne 1 : _____
Réaction : _____
Commentaires utiles : _____

Personne 2 : _____
Réaction : _____
Commentaires utiles : _____

Personne 3 : _____
Réaction : _____
Commentaires utiles :

SEMAINE 4 : RÉFLÉCHIR ET PLANIFIER
<u>Jour 22-23</u> : analyse du parcours créatif
Passez en revue les activités des trois dernières semaines. Répondez aux questions suivantes :

01. Quelle activité vous a le plus surpris ? Pourquoi ?
_____

02. À quel moment vous êtes-vous senti le plus créatif ou inspiré ?
_____

03. Quels obstacles avez-vous rencontrés ? Comment les avez-vous surmontés ?
_____

04. Qu'avez-vous appris sur vous-même et sur votre processus de création ?
_____

05. Quelle nouvelle compétence ou technique aimeriez-vous explorer davantage ?
_____

Jour 24-25 : créez votre boîte à outils créative
Sur la base de vos réflexions, dressez une liste personnalisée d'outils, de techniques et de rituels qui stimulent votre créativité. Vous pouvez vous orienter vers des activités physiques, des exercices mentaux, des sources d'inspiration ou toute autre source créative que vous avez trouvée utile.

Jour 26-27 : aménagez votre espace créatif
Qu'il s'agisse d'un coin de votre maison ou d'un espace mental, créez un environnement propice à votre créativité.
Pensez à introduire des éléments tels que
- Des couleurs inspirantes
- Des objets inspirants
- De la musique ou des sons
- De l'éclairage
- Du confort physique
- Outils et matériaux nécessaires

Dessinez ou décrivez cet espace en détail.

Jour 28 : manifeste créatif et objectifs futurs
Rédigez un bref manifeste créatif personnel et énoncez-y vos valeurs et vos intentions pour l'avenir. Fixez ensuite trois objectifs pour les trois prochains mois.

Atout #2 - Hyperfocalisation

Vous savez, lorsque vous vous plongez dans une activité et que le monde autour de vous disparaît ? Lorsque le temps perd *complètement son sens* et que vous êtes tellement absorbé par une tâche que vous ne remarquez même pas que vous avez manqué le déjeuner ou que votre téléphone sonne ?
Il s'agit de l'hyperfocalisation, un phénomène très courant chez les personnes atteintes de TDAH. Le cerveau, comme nous l'avons vu, se met en mode *tunnel*, concentrant toute son énergie sur une seule tâche ou un seul sujet, au point de rendre le sujet presque sourd à ce qui se passe autour de lui.
D'un point de vue neurologique, *l'hyperfocalisation* est liée à une activité

accrue dans certaines zones clés du cerveau, telles que le cortex préfrontal, ainsi qu'à une forte libération de dopamine dans le système de récompense. En résumé, lorsqu'il rencontre quelque chose qui l'intéresse vraiment ou qui l'amuse suffisamment, le cerveau du TDAH *se met en marche et se mobilise*. La personne atteinte de ce trouble peut donc se retrouver collée à une tâche spécifique pendant des heures, sans que rien - la faim, la soif ou les messages des amis - ne puisse la distraire de l'objectif.

Quelques exemples ?

- Le programmeur marathonien d'une entreprise de haute technologie, capable d'écrire des lignes de code durant des heures en oubliant même de prendre une pause déjeuner.
- L'artiste qui oublie le temps et peint une journée entière, ne réalisant qu'il est déjà tard dans la nuit lorsqu'il lève les yeux de son chevalet.
- L'enfant en « mode jeu vidéo » qui est tellement absorbé qu'il n'entend pas ses parents l'appeler pour dîner.
- L'étudiant qui dévore page après page et perd la notion du monde en lisant un livre passionnant, ignorant complètement les autres matières qu'il devrait étudier.

Il est évident que l'hyperfocalisation peut être une arme à double tranchant. D'une part, elle vous permet de donner le meilleur de vous-même sur des projets qui vous passionnent et d'obtenir des résultats étonnants en termes de créativité et de productivité. Mais d'un autre côté, elle risque de vous éloigner de vos responsabilités quotidiennes en vous faisant négliger le reste.

Avec un peu de stratégie, il est toutefois possible d'apprendre à canaliser le pouvoir de l'hyperfocalisation là où il est nécessaire, et d'en faire ainsi un véritable superpouvoir.

Comment gérer l'hyperfocalisation sans se laisser submerger par elle ?

IDENTIFIEZ LES « DÉCLENCHEURS »

Commencez par identifier les activités ou les sujets qui déclenchent votre état d'immersion totale. Il peut s'agir de programmation, de peinture, d'étude d'une langue ou de toute autre chose. Prendre conscience de ce qui vous *captive mentalement* est la première étape pour l'utiliser à votre avantage.

UTILISEZ L'HYPERFOCALISATION DE MANIÈRE TACTIQUE

Vous avez un projet urgent ou une idée créative qui vous tient à cœur ? Utilisez ces moments d'hyperfocalisation pour vous concentrer sur ce qui vous semble le plus important, afin de canaliser votre énergie sur la tâche qui vous tient le plus à cœur.

RÉGLEZ DES MINUTERIES ET DES ALARMES QUI VOUS SAUVENT LA VIE

L'hyperfocalisation peut vous faire perdre la notion du temps. Avant de commencer, programmez un minuteur ou plusieurs alarmes, une courte pour une vérification rapide (peut-être après vingt ou vingt-cinq minutes) et une plus longue pour vous avertir qu'il est temps d'arrêter. Vous éviterez ainsi de vous retrouver à minuit avec les lumières éteintes et le dîner encore sur la table.

FAITES DES PAUSES « INTELLIGENTES »

L'hyperfocalisation consomme beaucoup d'énergie mentale. En prévoyant de petites pauses pour boire, marcher ou simplement respirer profondément, vous vous ressourcerez et reprendrez le cours de vos activités.

CRÉEZ UN ENVIRONNEMENT IDÉAL

Minimisez les distractions, grâce à des écouteurs anti-bruit, un bureau bien rangé (ou, si vous préférez, un peu de désordre créatif) et peut-être une application qui bloque les médias sociaux pendant les sessions de travail. Si votre cerveau a envie de se plonger dans un sujet, préparez-lui le terrain pour qu'il ne rencontre pas d'obstacles inutiles.

ACCORDEZ DE L'ATTENTION AUX AUTRES DOMAINES DE LA VIE

Oui, c'est très bien de voler sur la crête d'une vague lorsque vous êtes en pleine concentration, mais n'oubliez pas qu'il y a aussi d'autres responsabilités et d'autres plaisirs à prendre en compte. Organisez un minimum votre emploi du temps (et utilisez de petites punitions et récompenses si nécessaire) pour éviter de négliger tout le reste.

Tirer parti du mode « turbo » et de mes conseils avancés

Lorsque vous découvrez que vous pouvez activer l'hyperfocalisation sur commande, vous réalisez que vous disposez d'un bouton pour *mettre votre machine mentale en mode turbo*. Mais comment le faire démarrer stratégiquement ?
J'ai résumé ci-dessous quelques stratégies gagnantes.

PRÉPAREZ LE TERRAIN AVEC LA PRÉHYPERFOCALISATION
Avant de vous lancer dans la tâche, prenez dix minutes pour définir précisément votre objectif et le diviser en petites étapes. Ainsi, lorsque vous entrerez dans le tunnel de l'hyperfocalisation, vous ne risquerez pas de vous perdre dans les chemins de traverse.

UTILISEZ LA « DOUBLE MINUTERIE »
Je le répète ici, car c'est l'un des aspects les plus importants de la planification d'une séance. Vous devez toujours utiliser deux minuteurs. Le premier, plus court (vingt-cinq minutes, par exemple), vous rappelle de vérifier si vous progressez bien. Le second, plus long (quatre-vingt-dix minutes), indique la fin de la session. De cette façon, vous n'abandonnez pas complètement le flux, mais vous gardez un minimum de contrôle.

LE « PONT DE TRANSITION »
Si vous arrêtez brusquement *l'hyperfocalisation*, vous risquez de perdre le fil la fois suivante. Accordez-vous quelques minutes, avant de conclure, pour noter où vous vous êtes arrêté et quelles sont les étapes suivantes. Vous aurez toujours une sorte de « *marque-page* » mental à portée de main pour vous remettre sur la bonne voie sans hésiter.

BILAN APRÈS L'HYPERFOCALISATION
Après une session intense, prenez le temps de réfléchir : *qu'est-ce qui a fonctionné ? Qu'est-ce qui n'a pas fonctionné ?* Notez vos réflexions dans un carnet ou dans un fichier numérique. Avec le temps, vous trouverez des informations précieuses qui rendront vos futures plongées encore plus efficaces.

PRÉVOYEZ DE VOUS RESSOURCER
Après des heures de concentration maximale, votre cerveau se met en mode réserve. N'attendez pas de vous effondrer sur le clavier. Prévoyez des pauses régénératrices. Une promenade, des étirements, quelques minutes de méditation. Des *petites haltes* qui vous remettent sur les rails.

LE PROJET PARALLÈLE
Lorsque vous sentez que votre attention sur une tâche commence à faiblir, passez à un projet alternatif au lieu d'abandonner complètement. Vous profiterez ainsi de la vague d'hyperfocalisation dans un autre domaine, sans pour autant interrompre brusquement votre concentration.

TENEZ UN « JOURNAL DE L'HYPERFOCALISATION »
Notez les heures, la durée de la session, ce que vous avez fait et comment vous vous êtes senti avant et après. Vous pourrez ainsi savoir à quel moment de la journée vous êtes le plus « en forme » ou quel type d'activité déclenche votre superpouvoir.

VISUALISATION PRÉHYPERFOCALISATION
Avant de commencer, imaginez-vous en train de travailler de manière fluide et impliquée. C'est une sorte d'échauffement mental qui permet à votre cerveau d'entrer plus rapidement dans un état d'immersion profonde.

ÉCHAUFFEMENT
Si vous avez du mal à démarrer, donnez-vous une mini-tâche simple,

presque « ludique », mais liée au projet principal. *Par exemple, le logo d'un site Web plutôt que son interface principale.* Une fois que votre cerveau s'est échauffé, l'étincelle de l'hyperfocalisation s'allume et vous pouvez passer à une tâche plus difficile.

LE COMPTEUR DE FLUX

Il existe des applications ou des appareils permettant de surveiller les périodes de concentration ininterrompue. Essayer de battre votre record personnel peut vous donner le coup de pouce nécessaire pour rester concentré, à condition que cela ne tourne pas à l'obsession et que vous ne preniez pas en compte le temps dont vous disposez.

CHANGEMENT STRATÉGIQUE DE PERSPECTIVE

De temps en temps, essayez de faire u*n zoom arrière* et de regarder votre travail d'une manière plus générale et objective. Il suffit parfois d'un léger changement de perspective pour faire naître de nouvelles idées, sans avoir à quitter l'état de flux.

Découvrir la micro-hyperfocalisation

Si vous souhaitez pousser l'hyperfocalisation à l'extrême (mais sur des sessions très courtes), essayez la technique de la micro-hyperfocalisation. Il s'agit d'une méthode basée sur l'idée de se concentrer entièrement en cinq minutes, comme si vous deviez produire autant qu'une heure de travail.

- Choisissez une tâche qui nécessite une hyperfocalisation et réglez un minuteur de cinq minutes.
- Allez-y à toute vitesse jusqu'à ce que le minuteur sonne, puis arrêtez-vous instantanément.
- Faites une pause de 1 à 2 minutes, levez-vous, étirez vos jambes et respirez profondément.
- Répétez l'opération 4 à 5 fois.

Il est étonnant de voir tout ce que vous pouvez produire dans ces micro-réalisations ! De plus, elles sont idéales pour débloquer des tâches ennuyeuses ou très détaillées tout en évitant de fatiguer le cerveau trop longtemps d'affilée.

Technique avancée - Synchronisation neuronale multisensorielle

Vous avez peut-être déjà essayé un millier de techniques pour rester concentré, mais aucune ne vous a jamais vraiment convaincu. Ou peut-être n'avez-vous tout simplement pas encore essayé la bonne. Voici donc une proposition qui sort résolument de l'ordinaire, conçue pour les personnes souffrant de TDAH (mais qui peut se révéler utile à toute personne souhaitant pousser sa concentration à un niveau supérieur).

Je la résume volontiers par l'acronyme SNM (Synchronisation Neurale Multisensorielle). C'est un nom un peu ronflant, certes, mais qui décrit bien l'idée de base. Il s'agit d'exploiter une combinaison de stimuli (visuels, auditifs, tactiles et olfactifs) pour orchestrer un véritable concert du cerveau et favoriser l'hyperfocalisation. Cela vous paraît étrange ? Peut-être, mais il vous suffit de lire, d'essayer et de juger par vous-même.

Voici comment cela fonctionne.

PRÉPARER L'ENVIRONNEMENT

- Éclairage : procurez-vous une lampe LED programmable qui change de couleur toutes les 90 secondes, passant du bleu au vert, puis au rouge. Il y a une raison scientifique à cela, c'est que ces trois couleurs, alternant en cycles courts, stimulent différents schémas d'activité cérébrale.

- Audio : créez ou téléchargez une piste avec des battements binauraux à 40 Hz, connus pour favoriser la concentration. Ajoutez des sons de la nature en arrière-plan, par exemple la pluie ou le bruissement des feuilles à intervalles rythmiques, pour éviter la monotonie.

- Arômes : un diffuseur d'huiles essentielles programmable qui alterne entre le romarin (réputé pour faciliter la concentration) et la lavande (effet relaxant). Ne sous-estimez pas l'impact de l'odorat, une odeur précise peut vous ancrer dans un état mental bien défini.

SYNCHRONISATION CORPORELLE

- Commencez par deux minutes de respiration rythmée (quatre secondes d'inspiration, six secondes d'expiration), en même temps que le changement de couleur de la lampe. Ce type de rythme respiratoire permet de stabiliser votre attention et de synchroniser l'esprit et le corps.

- Asseyez-vous (ou tenez-vous debout, si vous préférez), le dos droit, les pieds fermement ancrés et les mains posées sur la surface du bureau pour ajouter une pincée de stimulation tactile supplémentaire.

SÉQUENCE DE TRAVAIL

- Travaillez par blocs de douze minutes entrecoupés de trois minutes de pause active (similaire à la technique *Pomodoro*, mais avec une touche multisensorielle).
- Au cours des douze minutes de travail, accordez votre rythme aux couleurs. Le **bleu** correspond à la phase d'analyse (collecte d'informations et réflexion). Le **vert** correspond à la phase créative (idées libres, brainstorming, etc.). Enfin, le **rouge** est la phase de révision critique (sélectionner et corriger).

Pendant les pauses de trois minutes, bougez :

- **Bleu** : étirements légers
- **Vert** : mouvements circulaires des bras ou du torse
- **Rouge** : tapotement rapide des doigts sur une table, comme si vous jouiez de la batterie.

ANCRAGE MENTAL

- Avant de commencer, choisissez un mot clé ou un geste (un hochement de tête ou un claquement de doigts) que vous associez à votre état de concentration maximale.
- Répétez votre « ancrage » à chaque changement de couleur de la lampe afin de renforcer le lien entre le stimulus externe (la lumière) et le stimulus interne (la concentration).

PROGRESSION DYNAMIQUE

- Plus vous restez longtemps dans la session, plus le système augmente progressivement la complexité des stimuli (musique plus complexe, changements de couleurs plus rapides, vibrations plus subtiles). Votre cerveau est « entraîné » à faire face à des niveaux d'attention plus intenses.
- Un entraînement progressif mais stimulant visant à repousser un peu plus loin votre limite de concentration peut faire la différence à long terme.

REFROIDISSEMENT NEURONAL

- Au cours des dix dernières minutes, vous réduisez l'intensité et la fréquence des stimuli. En fait, vous aidez votre esprit à se défatiguer.

- La lumière revient à des tons plus doux, le volume de la piste audio diminue, les vibrations s'estompent. Ces petites touches évitent un « crash » soudain et favorisent une sortie progressive de l'état d'hyperfocalisation.

INTÉGRATION POST-SÉANCE

- Immédiatement après la séance, offrez-vous cinq minutes de méditation guidée spécifique au TDAH (il existe des applications et des vidéos créées à cet effet). La pleine conscience est une passerelle douce entre l'état d'hyperfocalisation et les tâches quotidiennes. Elle vous aide à ne pas vous sentir perdu lorsque vous ouvrez à nouveau la porte au monde extérieur.

Est-ce tout ? Oui et non.
À première vue, la technique en question a quelque chose de la science-fiction, mais sa logique est assez simple. Il s'agit *d'orchestrer de multiples canaux sensoriels pour qu'ils travaillent en synergie, afin de vous maintenir ancré dans le moment présent et d'« éveiller » votre attention.* Bien sûr, cela demande une certaine préparation et un investissement dans divers gadgets. Mais ceux qui l'ont essayé témoignent être entrés dans une sorte de super-flux, découvrant des niveaux de concentration et de créativité jamais atteints auparavant.

Atout #3 – Résolution rapide des problèmes

Changeons de sujet, mais restons dans le domaine des *stratégies qui simplifient la vie*, et abordons à présent la résolution de problèmes. La résolution de problèmes ne se limite pas à un robinet de cuisine qui fuit ou à une énigme logico-mathématique. Il s'agit plutôt d'un <u>processus cognitif complet d'analyse d'un obstacle, de formulation d'hypothèses de solutions et de choix de la solution la plus adaptée à la situation.</u> Si vous souffrez de TDAH, l'amélioration de cette nouvelle compétence peut faire une énorme différence dans la gestion de votre temps et de vos tâches.

En général, le processus de résolution de problèmes se décompose comme suit :
- Identification du problème.

- Génération de solutions possibles.
- Évaluation de chaque solution.
- Choix et mise en œuvre de la solution la plus efficace.
- Vérification des résultats.

La bonne nouvelle ? Les esprits TDAH, avec leur tendance à penser latéralement et de manière créative, sont capables de transformer certaines approches « *standard* » en véritables micro-solutions. Vous trouverez ci-dessous *quelques schémas de pensée que vous pourriez adopter* au quotidien afin d'aborder et de résoudre les problèmes avec plus de souplesse.

LA MÉTHODE DU ZOOM AVANT, ZOOM ARRIÈRE

L'idée sous-jacente à cette stratégie est d'exploiter la propension naturelle du TDAH à passer du détail à la vue d'ensemble, comme si vous regardiez le monde à travers des jumelles, d'abord à l'envers, puis à l'endroit.

- **Zoom avant :** concentrez-vous sur les détails et examinez **le problème en profondeur.**
- **Zoom arrière** : prenez du recul et demandez-vous : « Comment ce problème s'intègre-t-il dans mon projet, dans ma vie ou dans la situation plus générale à laquelle je suis confronté ? »
- **Alternance :** en passant rapidement d'un point de vue à l'autre, vous remarquerez des liens ou entreverrez des solutions jusqu'alors invisibles.

Exemple
Si vous êtes bloqué sur un détail technique d'un projet, vous pourriez découvrir (en faisant un zoom arrière) qu'il n'est pas du tout essentiel à la réussite globale. Ou bien, en examinant les détails de plus près (zoom avant), vous pourriez repérer un élément qui se révèle crucial pour l'ensemble du système.

LA TECHNIQUE « ET SI C'ÉTAIT LE CONTRAIRE ? »

L'un des superpouvoirs du TDAH est la capacité à combiner des idées apparemment éloignées et à imaginer des scénarios étranges. Exploitons-le en nous demandant : « Et si tout était à l'inverse ? »

- Concentrez-vous sur votre problème ou votre situation.

- Imaginez que vous en trouviez la version opposée dans votre monde à l'envers.
- Demandez-vous comment les choses changeraient et quelles nouvelles solutions émergeraient.

Exemple

- **Problème** : vous voulez augmenter l'engagement social en publiant le plus de contenu possible.
- **Scénario inverse** : et si vous publiiez très peu de contenu ? Un article par semaine, mais extrêmement bien conçu et préparé ?
- **Une avancée potentielle** : la qualité contre la quantité. Peut-être que le public réagit mieux à des articles moins fréquents mais plus incisifs.

LA MÉTHODE « SCAMPER »

Cet acronyme désigne une série de verbes d'action destinés à stimuler la créativité.

- Substituer
- Combiner
- Adapter
- Modifier
- Proposer d'autres utilisations
- Éliminer
- Réorganiser

Appliquez chaque mot-clé à votre problème, en posant des questions ciblées.

Exemple (routine matinale)

- **Substituer** : et si vous commenciez votre journée par du yoga au lieu d'un café ?
- **Substituer** : petit-déjeuner + révision des objectifs quotidiens en une seule fois ?
- **Adapter** : puis-je prendre la technique Pomodoro et en exécuter un micro, 5 minutes, au réveil ?
- **Modifier** : augmenter ou réduire le temps consacré à la méditation ?
- **Proposer** d'autres utilisations : utiliser le trajet domicile-travail pour affiner la liste des choses à faire ?
- **Éliminer** : les étapes inutiles, comme la vérification obsessionnelle des notifications du téléphone ?
- **Réorganiser** : bouleverser l'ordre des activités matinales, en commençant par la douche, puis le petit-déjeuner et enfin la lecture.

LA STRATÉGIE DE LA PENSÉE PARALLÈLE

Inspirée des six aspects, les *« chapeaux » de la pensée d'Edward de Bono*, cette méthode divise les données d'un problème en sections colorées (toutes très adaptées au TDAH), à aborder une à la fois...
- Chapeau blanc : recueillir des données objectives.
- Chapeau rouge : libérer les émotions.
- Chapeau noir : identifier les risques potentiels.
- Chapeau jaune : se concentrer sur les avantages.
- Chapeau vert : lancez des idées alternatives.
- Chapeau bleu : superviser le processus, tenir les ficelles.

Exemple : vous envisagez de changer d'emploi...
- Chapeau blanc : quels sont les faits concernant le marché, le salaire et les perspectives ?
- Rouge : quelles émotions et quelles craintes cette décision suscite-t-elle en vous ?
- Noir : quelles sont les questions critiques qui pourraient se poser ?
- Jaune : que gagnez-vous si tout se passe bien ?
- Vert : quelles solutions créatives pouvez-vous imaginer (par exemple, passer du statut de salarié à celui d'indépendant) ?
- Bleu : comment coordonnez-vous la décision finale ?

LA TECHNIQUE DU PROTOTYPE RAPIDE

Le prototype rapide vous permet de travailler sur un projet provisoire. Il s'agit d'un travail qui n'a pas encore été approfondi, mais qui éveille la curiosité de l'esprit du TDAH.

- Préparez une ébauche ou un prototype de votre projet, sans trop de détails.
- Testez-le immédiatement, même s'il semble encore imparfait.
- Écoutez les réactions de ceux qui l'utilisent ou qui le voient.
- Répétez, modifiez, ajustez et essayez à nouveau.

Exemple

Vous voulez essayer d'améliorer votre productivité en travaillant à domicile.
- Prototype 1 : réorganisez votre poste de travail en dix minutes.
- Test : travaillez dans cette configuration pendant une heure.
- Retour d'information : qu'est-ce qui fonctionne et qu'est-ce qui ne fonctionne pas ?
- Itération : apportez immédiatement une nouvelle modification en fonction des résultats.
- Répétez l'opération jusqu'à ce que vous trouviez une configuration qui vous convienne.

LA MÉTHODE DES CONNEXIONS ALÉATOIRES

Le cerveau des personnes atteintes de TDAH est réputé pour sa capacité à établir des connexions improbables. Cette stratégie repose précisément sur la capacité à relier des mondes qui semblent n'avoir rien en commun.

- Définissez le problème sur lequel vous voulez travailler.
- Choisissez trois mots au hasard (éventuellement à l'aide d'un générateur en ligne).
- Trouvez un lien entre ces mots et votre problème, même si cela semble impossible au premier abord.
- Des idées brillantes peuvent naître de ces connexions absurdes.

Exemple

Imaginez que vous souhaitiez améliorer l'expérience client dans votre magasin. Vous dessinez les mots suivants, lune, origami et cafétéria.

- Lune : peut-être créer une atmosphère nocturne avec un éclairage doux ?
- Origami : proposez-vous des mini-ateliers pour divertir les clients qui attendent ?
- Cafétéria : une station de café en libre-service peut séduire n'importe qui.

LA TECHNIQUE DU VOYAGE DANS LE TEMPS

Utilisez votre imagination pour jouer avec différentes perspectives et trouver des solutions originales.

- Projetez-vous 5, 10, 20 ans dans le futur. À quoi ressemblerait alors le problème ?
- Retournez dans le passé. Comment auriez-vous traité le même problème il y a 5, 10 ou 20 ans ?
- Futur alternatif. Imaginez un monde dans lequel le problème a été résolu de manière ingénieuse. Comment y êtes-vous parvenu ?

Exemple

Vous essayez d'améliorer votre gestion du temps.

- Dans +10 ans : vous aurez plus de responsabilités, alors quel système utiliserez-vous ?
- Dans -10 ans : vous étiez étudiant et aviez peut-être des habitudes que vous avez oubliées.
- Futur alternatif : dans ce scénario, vous êtes déjà un as de l'organisation. Quels outils utilisez-vous ?

L'INVERSION DU PROBLÈME

Inversez la perspective. Au lieu de vous concentrer sur la manière de résoudre le problème, demandez-vous comment vous pourriez l'aggraver. Cela peut paraître fou, mais cela ne fait pas de mal d'essayer.

- Dressez la liste de toutes les actions qui rendraient la situation épouvantable.
- Pour chacune d'entre elles, essayez de penser au contraire. Vous trouverez peut-être là la solution.

Exemple
Vous souhaitez améliorer la communication au sein de votre équipe.
- Comment l'aggraveriez-vous ? Ignorer les messages des collègues, parler d'autre chose pendant les réunions, utiliser un jargon abscons et critiquer les idées.
- À l'inverse, répondez rapidement aux messages, organisez des réunions avec un ordre du jour clair, un langage commun et un brainstorming constructif. Et voilà, un plan d'action qui fait école.

La technique du chaos contrôlé

Si vous voulez aller encore plus loin, essayez cette stratégie conçue pour canaliser votre pensée non linéaire dans un processus explosif mais ordonné (juste assez).
J'ai résumé les étapes ci-dessous.

- Trouvez un grand espace, une pièce libre ou même un jardin.
- Munissez-vous de papiers repositionnables colorés, de marqueurs, d'un tableau de conférence et d'un minuteur.

Phase d'explosion (5 minutes)
- Écrivez le problème au centre d'une grande feuille de papier.
- Déplacez-vous librement dans l'espace, en notant sur des notes de couleur toutes les idées ou associations qui vous viennent à l'esprit, même les plus absurdes.
- Collez les notes au hasard autour du problème central.

Phase de connexion (3 minutes)
- À l'aide de feutres, tracez des lignes pour relier les notes que vous percevez comme étant liées, en suivant l'instinct plutôt que la logique.

Phase de regroupement (2 minutes)
- Regroupez les notes en noyaux thématiques et attribuez un nom à chaque groupe.

Phase d'amplification (3 minutes)
- Choisissez le groupe le plus prometteur et ajoutez 10 idées supplémentaires, sans trop réfléchir.

Phase de défi (2 minutes)
- Visez l'idée la plus folle que vous avez notée et trouvez au moins trois façons dont elle pourrait fonctionner.

Phase de synthèse (5 minutes)
- Sur un tableau de papier, dessinez une carte mentale résumant les idées les plus intéressantes en utilisant des couleurs différentes pour chaque aspect.

Phase de mouvement (2 minutes)
- Faites une mini-pause active (en sautant à cloche-pied, en courant sur place, etc.) pour « réinitialiser » votre cerveau.

Phase de silence (3 minutes)
- Fermez les yeux, restez calme et laissez votre esprit vagabonder un peu plus. Notez tous les indices qui émergent.

Phase d'action rapide (5 minutes)
- Sur la base de ce qui ressort, rédigez un plan d'action en cinq points, avec autant de mesures concrètes à mettre en œuvre dans les 24 heures.

Phase de réflexion (2 minutes)
- Faites un tour rapide du lieu, relisez les notes et demandez-vous : « Qu'est-ce qui m'a vraiment surpris dans tout ce processus ? »

Si vous aimez l'excitation du désordre créatif, mais que vous souhaitiez quand même un chemin à suivre, cette technique est parfaite pour vous.

Atout #4 – Énergie et dynamisme

(Ou plutôt : comment gérer au mieux le « réservoir mental »)

Si je vous disais que l'énergie mentale est un quidam mesurable, au même titre que l'énergie électrique ou thermique, je vous mentirais. Pourtant, d'un point de vue scientifique, la question n'en est pas moins fascinante. L'énergie mentale est un moteur biochimique qui fait rugir notre cerveau (ou, parfois, tousser sans énergie…). Nous ne pouvons pas la quantifier, mais nous la connaissons grâce à des processus neurochimiques et électrophysiologiques très précis.

Les grands acteurs sont, une fois de plus, les neurotransmetteurs. La dopamine, la noradrénaline et l'acétylcholine. Ce sont eux qui régulent l'attention, la motivation et la réactivité aux stimuli.

- La **dopamine** s'occupe des circuits de récompense.
- La **noradrénaline** est votre réveil interne : elle permet de rester réactif et concentré, en particulier dans les situations de stress.
- L'**acétylcholine**, quant à elle, préside à diverses fonctions d'attention et de mémoire.

Le cerveau ne fonctionne pas à vitesse constante. Il s'agit plutôt d'une vague qui monte et qui descend. Peut-être vous est-il arrivé, vous aussi, de vous réveiller en pleine forme le matin, d'avoir un creux en milieu d'après-midi et de revenir en pleine forme le soir au moment de dormir. C'est la faute (ou le mérite) des *rythmes circadiens,* que notre « *horloge interne* » régule en fonction de la lumière et de l'obscurité, des habitudes, des routines et de tout ce qui se passe au cours de la journée.
La *fatigue cognitive* vient compliquer les choses. Si vous vous fatiguez trop longtemps, vos performances chutent. Le cerveau, comme les muscles, a besoin de se *régénérer* et de se *reposer*. Et si vous ajoutez le TDAH au mélange, il n'est pas surprenant que les variations d'énergie mentale soient encore plus prononcées. Les études le confirment, il existe des différences dans les mécanismes de régulation de la dopamine. Résultat ? Des pics d'énergie et, soudain, *l'abîme de l'ennui et de l'inattention*.

Jusqu'à présent, tout est clair. L'énergie mentale n'est pas infinie, elle va et vient. Mais alors, comment la gérer et ne pas se laisser submerger par la fatigue mentale ?
Je vous propose ci-dessous quelques idées pratiques à mettre en œuvre au quotidien.

LA TECHNIQUE DE LA « DOUBLE PISTE ÉNERGÉTIQUE »

L'idée est d'alterner les activités fatigantes et les activités légères, afin d'utiliser au mieux vos pics d'attention.

- Préparez deux listes :
    - **Liste A** : tâches à haute intensité (comme la rédaction d'un rapport, la planification ou l'étude).
    - **Liste B** : tâches de faible intensité (ranger des dossiers, mettre de l'ordre sur le bureau ou répondre à des courriels ultrarapides).
- Lancez-vous dans une tâche de la **liste A** pendant vingt-cinq minutes (si vous le souhaitez, utilisez la technique Pomodoro).
- Consacrez cinq minutes à une tâche de la **liste B**.
- Répétez le cycle, en contrôlant votre énergie de temps en temps.

De cette manière, vous utilisez votre carburant cognitif lorsqu'il est élevé et vous ne vous épuisez pas complètement lorsque votre énergie diminue.

MICRODOSAGE DE STIMULI

Si votre cerveau a besoin d'un apport continu (et c'est très probable si vous souffrez de TDAH), mieux vaut lui donner de petites doses. Quelques exemples ?

- Mini-liste de lecture : compilez une collection de trente secondes de chansons que vous aimez. Écoutez-en une toutes les heures.
- Mini-défis de deux minutes : répondez à une petite énigme ou résolvez un petit casse-tête. Cette dose supplémentaire de dopamine peut faire toute la différence.

LA TECHNIQUE DU CONTRASTE THERMIQUE COGNITIF

Vous êtes-vous déjà senti revigoré après une douche glacée ou un plongeon dans la piscine ? L'idée est similaire.
- Travaillez dans un environnement frais pendant vingt minutes.
- Accordez-vous deux minutes dans un environnement chaud (il vous suffit d'une couverture thermique ou d'un radiateur).
- Revenez dans un endroit frais.

Ce *changement de température* réveille le système nerveux comme une poussée d'adrénaline.

NEURO-SNACK STRATÉGIQUE

En d'autres termes, choisissez des *en-cas intelligents* qui soutiennent votre cerveau au lieu de l'envoyer en hibernation.
- Des noix et des graines riches en acides gras oméga-3, qui sont une bénédiction pour votre cerveau.
- Des baies riches en antioxydants pour protéger vos neurones.
- Du chocolat noir (minimum 70 %) pour stimuler les endorphines et vous mettre de bonne humeur.
- Le thé vert (qui contient de la L-théanine) a un effet calmant, mais n'alourdit pas l'esprit.

Mangez quelque chose de sain toutes les quatre-vingt-dix minutes : pas de frénésie alimentaire, *mais de petites pauses*.

TECHNIQUE DE RESPIRATION FRACTIONNÉE

La respiration ne nous maintient pas seulement en vie, elle peut aussi moduler notre énergie mentale.

- Pour vous calmer : inspirez 4 secondes, retenez 2 secondes et expirez 6 secondes.
- Pour vous donner de l'énergie : inspirez 6 secondes, retenez 2 secondes, expirez 4 secondes.

Alternez ces schémas toutes les cinq minutes pendant un total de quinze à vingt minutes.

LA TECHNIQUE DU CONTRASTE COGNITIF

Si le cerveau s'ennuie rapidement, le changement de vitesse est son salut.

- dix minutes de calculs mathématiques (logique, chiffres, précision).

- dix minutes d'écriture créative (imagination, mots, expression libre).
- dix minutes de dessin abstrait (imagination pure).

Le fait de passer continuellement d'un mode de pensée à l'autre entraîne la flexibilité mentale et maintient l'attention à un niveau élevé. Il suffit d'intégrer cette routine dans les séances de travail habituelles pour ne pas se déconcentrer.

Le neuro-hacking circadien

Jusqu'à présent, nous avons parlé de tactiques pour gérer les pics d'énergie durant la journée, mais si vous êtes prêt à franchir le pas, je vous propose une stratégie pour synchroniser vos rythmes circadiens avec vos moments de productivité.

Cartographie
Pendant une semaine, notez **toutes les heures** : le niveau d'énergie (1-10), l'activité réalisée et la qualité de la performance.

Analyse des données
Trouvez vos pics (alors que vous vous sentez superpuissant) et vos vallées circadiennes (heures de sieste).

Reprogrammation
Le matin, optez pour une lumière blanche tirant sur le bleu (réveille le cerveau). L'après-midi, choisissez une lumière blanche neutre. Le soir, lumière douce et chaude (favorise la relaxation et la mélatonine).

Synchronisation alimentaire

- Petit-déjeuner protéiné en période de satiété.
- Déjeuner avec des glucides complexes avant le creux post-prandial (moment où vous avez tendance à baisser vos performances intellectuelles).
- Dîner léger et riche en protéines pour favoriser le sommeil.

Repos en journée
Identifiez l'heure de la baisse de régime de l'après-midi et accordez-vous une sieste de quinze à vingt minutes. Essayez la *sieste à la caféine* en buvant un café juste avant la sieste. Vous vous réveillerez plus en forme que jamais.

Entraînement
Utilisez votre énergie matinale pour faire une séance d'entraînement de trente à soixante minutes après le lever. Incluez de très courtes séances de mouvement (même de trente secondes) dans votre temps libre.

Technique de l'élan
Découvrez *votre fenêtre de flux* (lorsque vous êtes en mode super-concentration) et planifiez vos tâches les plus difficiles à cet endroit, en vous échauffant éventuellement avec des activités progressivement plus difficiles. Surfez sur la vague et maximisez les résultats tant que le pic dure.

Transitionne
- **Réveil** : lumière vive, deux minutes d'étirements, éventuellement de la musique.
- **Début du travail** : quelques respirations profondes, une phrase motivante.
- **Pause déjeuner** : promenade, air frais, mini-méditation.
- **Reprise de l'après-midi** : douche alternée (chaude/froide).
- **Soirée** : éteignez graduellement les appareils, tamisez les lumières et détendez votre esprit.

La dopamine sous contrôle
Conservez les événements gratifiants dans les moments creux, afin de pouvoir récupérer immédiatement. Et essayez de transformer les moments ennuyeux en un jeu, en convertissant chaque tâche en un défi de points. *Enfin, utilisez l'effet d'anticipation à votre avantage ! Prévoyez une petite récompense à court terme pour continuer à travailler.*

Conclusion

Ma Chère Lectrice, Mon Cher Lecteur,
tout d'abord, félicitations !
Sincères félicitations !
Nous sommes arrivés au terme de notre voyage à la découverte de l'esprit TDAH avec l'aide de Marco (et des autres patients qui ont accepté d'être mentionnés dans les pages de ce manuel). J'espère que leurs propos vous ont donné matière à réflexion, des outils pratiques et, surtout, la certitude que vous n'êtes pas seul. Jamais.
Permettez-moi donc de vous remercier du fond du cœur d'avoir consacré votre temps et votre attention à mon petit projet de publication. Je l'ai écrit avec amour et dévouement, dans l'espoir d'apporter un soutien à tous ceux qui, à l'âge adulte, se sentent encore différents ou inadaptés. Je sais à quel point il peut être difficile pour les personnes atteintes de TDAH de rester concentrées sur un texte aussi long. *Le fait que vous soyez arrivé jusqu'ici est donc une grande réussite !*

Avant de vous dire au revoir et de vous laisser aux ressources finales, n'oubliez jamais que le TDAH ne vous définit pas. Il s'agit d'une micro-composante de votre ego, qui ne détermine pas entièrement votre personnalité. Vous avez des talents uniques, des perspectives originales et un potentiel qui mérite d'être exploré et valorisé.
Le chemin qui vous attend ne sera pas toujours facile. Il y aura des jours où vous vous sentirez dépassé, frustré ou incompris. Mais, et *c'est une promesse*, il y aura aussi des moments de satisfaction, lorsque vous ferez la connaissance de ressources dont vous ne soupçonniez même pas l'existence.
Je vous invite à faire preuve de bienveillance et de patience à votre égard. Célébrez les petits succès quotidiens. Acceptez les hauts et les bas, mais ne laissez jamais un revers vous faire oublier votre capacité de résistance.
J'espère que ce livre deviendra une ressource à laquelle vous reviendrez, *dans les moments difficiles*. Peut-être que, page après page, vous trouverez du réconfort dans les expériences partagées et les stratégies que j'ai proposées.

Si vous avez trouvé ce manuel utile, n'hésitez pas à partager votre expérience sur Amazon ou d'autres plateformes numériques. Laissez un commentaire spontané et parlez-en à ceux qui, selon vous, pourraient en bénéficier. Vos commentaires sont précieux, car ils permettent à d'autres patients atteints de TDAH de normaliser leur état.

Après tout, personne *n'est dans l'erreur*. TDAH ou non, nous sommes tout simplement *uniques*. Et le monde a besoin de notre singularité.
Avec affection et estime,

Laura et Marco.

RESSOURCES

APPLICATIONS

• Todoist - Une application de gestion des tâches et des projets, idéale pour organiser les engagements et les délais.
• Forest - Une application pour vous aider à rester concentré.
• Evernote - Une application pour prendre des notes, organiser des documents et gérer des listes. Idéale pour saisir des idées à la volée.
• Calm - Une application pour la méditation et la relaxation, avec des exercices de respiration et des sons relaxants.
• Focus@Will - Une application qui propose de la musique spécialement conçue pour améliorer la concentration pendant le travail ou les études.

LIVRES ET BIBLIOGRAPHIE POUR APPROFONDIR VOS CONNAISSANCES

• *Mindfulness Method* de Mark Williams - Un manuel qui propose des techniques de méditation ad hoc.
• *Le pouvoir des habitudes* par Charles Duhigg - Stratégies pratiques pour améliorer l'organisation quotidienne.
• *Scattered Minds* : de Gabor Maté - Un livre qui explore les aspects positifs de la maladie d'un point de vue encourageant.
• *Le TDAH chez l'adulte* par Andreas Conca et Giancarlo Giupponi - Un guide pratique destiné aux parents, aux partenaires, aux patients et à leurs familles.

Printed in Dunstable, United Kingdom

66052958R00080